C. H. Watzinger
Michael Blümelhuber – Enrica von Handel-Mazzetti – Moriz Enzinger
Schöpferische Begegnungen jenseits der Zeitgeschichte

CARL HANS WATZINGER

Michael Blümelhuber
Enrica von Handel-Mazzetti
Moriz Enzinger

Schöpferische Begegnungen jenseits der Zeitgeschichte

Biographien mit 20 Illustrationen

VERLAG WILHELM ENNSTHALER, STEYR

ISBN 3 85068 114 9

Alle Rechte vorbehalten – Printed in Austria
Copyright © 1982 by Wilhelm Ennsthaler, Steyr
Druck und Verlag Wilhelm Ennsthaler, A-4400 Steyr

Vorwort

Drei bedeutende Oberösterreicher aus der Stadt Steyr werden vorgestellt

Noch zu ihren Lebzeiten sind sie über den Horizont der alten Eisenstadt Steyr, dieser Zwei-Flüsse-Stadt, hinausgewachsen – Michael Blümelhuber, Enrica von Handel-Mazzetti und Moriz Enzinger. Jedenfalls haben Fachkreise, die der bildenden Kunst und der Literaturwissenschaft, ihre Namen entsprechend herausgehoben und sich im Für und Wider mit ihren Werken vielfach beschäftigt. Vor allem sind sie auch im Ausland bekannt geworden. Den gelernten Österreicher wundert das nicht. Immer hat Österreich es so gehalten, daß es ihre schöpferischen Künstler und Forscher erst auf die Dauer anerkannt hat, wenn das Ausland sie würdigte. Und so ist es auch bei diesen drei Genannten geschehen. Dann hat der Zweite Weltkrieg und seine folgenden Jahre den hohen Grad ihres Bekanntseins sogar wieder vergessen lassen, besonders bei der Dichterin Enrica von Handel-Mazzetti und Michael Blümelhuber. Seine, des Stahlschnittkünstlers, Berühmtheit erreichte verhältnismäßig früh auch Amerika, damals eine Sensation. Der Literaturhistoriker Moriz Enzinger ist von den dreien noch am besten in Erinnerung. Das mag daher kommen, weil er erst 1975 gestorben ist. Die Erinnerung an ihn als Mensch und Lehrer wie als Wissenschafter ist in vielen seiner Schüler noch wach. Eine Stimme aus diesem Kreis wird mit der Schilderung seiner Begegnungen mit ihm dieses Buch abschließen.

Carl Hans Watzinger

Inhaltsverzeichnis

Vorwort – Drei bedeutende Oberösterreicher
aus der Stadt Steyr werden vorgestellt 5

I Michael Blümelhuber – Enrica von Handel-Mazzetti –
Moriz Enzinger 9

    Der Stahlbildhauer Michael Blümelhuber 11

    Die Dichterin Enrica von Handel-Mazzetti 29

    Der Literaturhistoriker Moriz Enzinger (Selbstbiographie) 41

II Die Freundschaft Michael Blümelhuber – Moriz Enzinger 53

III Enrica von Handel-Mazzetti und Moriz Enzinger 91

IV Die Adalbert-Stifter-Forschung von Moriz Enzinger 115

V Begegnungen Moriz Enzingers mit der Kunst 135

VI Nachruf auf Moriz Enzinger 145

    Hans Berger 147

I

Michael Blümelhuber
Enrica von Handel-Mazzetti
Moriz Enzinger

Der Stahlbildhauer Michael Blümelhuber

So hat er sich in den letzten Jahren seines Lebens benannt. Und ein Stahlbildhauer ist er auch gewesen. Geboren wurde er am 23. September 1865. Es war ein Samstag. Damals gab es noch keine Fünftagewoche, und so mußte man den Vorarbeiter Karl Blümelhuber von der Säbelfabrik Ohlings, man sagte auch Schwertfege, in seine Wohnung Unterhimmel Nr. 26, heute Steinbruchweg Nr. 2, holen, um ihn mit einem Sohn bekanntzumachen, der ihm zur Stunde von seiner Frau geboren worden war. Damals brachten die Mütter ihre Kinder nicht in einer Gebärklinik, sondern daheim zur Welt. Zwei Tage später wurde der neue Erdenbürger in der Wallfahrtskirche von Christkindl auf den Namen Michael getauft.

Michael Blümelhuber wurde in ein von individualistischen Kräften und Mächten beherrschtes Jahrhundert hineingestellt und ist auch zeitlebens sein Vertreter geblieben. Wir aber stehen am Beginn einer pluralistischen Gesellschaftsordnung. Unverändert hingegen sind Ort und Umgebung seiner Geburt, soweit die Natur sie bestimmt. Unterhimmel, das muß unterm Himmel sein. Es liegt genau darunter. Denn oben ist Christkindl mit seiner Kirche, deren Bau Carlo Antonio Carlone begonnen und Jakob Prandtauer vollendet hat. Der kleine Wallfahrtsort ist in unseren Tagen durch das Weihnachtspostamt in allen Ländern der Erde bekannt geworden. Hinsichtlich religiös-symbolhafter Begriffe ist ja noch keine grundlegende Wandlung in unserem Denken eingetreten, sosehr wir den Teufel in der Hölle immer mehr als den gefallenen Luzifer und weniger als Satan katexochen erkennen. Ohne ihn gibt es keine Stufung des Lichts.

Warum dies in einer Biographie Blümelhubers ausgesprochen wird? Damit wir leichter festhalten: seit jenem 23. September 1865 ist so Ungeheures an geistigen Einsichten, die von neuen wissenschaftlichen Erklärungen begleitet sind, ja so Unfaßliches geschehen, ist eine Welt eingestürzt, die Welt Blümelhubers. Deshalb mag es der jungen Generation schwer fallen, einen Mann wie ihn ganz zu begreifen.

Vielleicht ist das eine sehr provozierende Feststellung, aber soll es bei bedeutenden Künstlern, besonders schöpferischen, nicht immer darauf ankommen? Wir müssen die geschichtliche und menschliche Tradition wohl immer beachten. Die Umrisse der Gestalt Michael Blümelhubers, den wir alle als einen der bedeutendsten Söhne der alten Eisenstadt Steyr verehren, werden dabei nur klarer hervortreten. Er ist eine Persönlichkeit, der man eine neue Einordnung ohne weiteres zumuten kann. Er war so souverän in seinem Wesen, daß wir ihn von seiner Zeit herübernehmen können in die unsere, ihn an ihr messen, ohne daß er deshalb kleiner würde. Also keine Abwertung, sondern eine sich scharf abhebende Silhouette, und damit ein sicheres Bestehen vor einer Entwicklung, die er womöglich abgelehnt hätte.

Keinen Zweifel kann es darüber geben, daß ein Mann und Künstler wie er nur aus einem Boden kommen und sich auf ihm emporarbeiten konnte, der durch ein jahrhundertealtes Leben in der Bearbeitung des Eisens zu Ansehen und Ruhm gelangt war. Nie hätte Blümelhuber anderswo leben und schaffen können. »Ich bleibe in der Eisenstadt.« Das war seine Antwort auf Angebote aus Deutschland und Amerika. Er wußte, warum. Vielleicht sehen manche unter uns darin eine längst gefallene Sentimentalität. Aber nicht jedes Gefühl ist eine sich schnell wieder verflüchtigende Rührseligkeit, ein bloßes Anempfinden. Ein schöpferisch Tätiger kann selten ohne Heimat existieren.

Steyr, das kommt noch hinzu, ist nie eine Stadt wie jede andere gewesen. Das Eisen des steirischen Erzberges, das schon der große Ovid im vierzehnten Buch seiner berühmten »Metamorphosen« lobend als das norische besingt, hat seit Anbeginn in der Stadt und ihrer näheren und weiteren Umgebung seinen Segen entfaltet, getreu dem Spruch des Berggeistes, der den Bewohnern der Eisenerzer Gegend nach dem Abzug der Römer Goldadern für ein Jahr, Silberminen für zwanzig Jahre und Eisen für immerdar zur Wahl ließ. Sie nahmen das Eisen an. Eine Sage, gewiß, aber eine sehr weise Sage. Eine ganze Kulturlandschaft hat sich aus diesem norischen Eisen des steirischen Erzberges aufgebaut, die »Eisenwurzen«, genannt nach dem Erzberg, der Eisenwurzel, wie man ihn im Mittelalter bezeichnete. Steyr wurde Sitz der Eisenverleger, der Eisenkaufleute der Innerberger Hauptgewerkschaft, einer Innung wie die Vordernberger Gewerkschaft in Bruck an der Mur. Das herrliche Kornmesserhaus dieser steirischen

Stadt weist genauso wie das Steyrer Bummerlhaus auf die Gewerkschaften der Eisenverleger hin. Als dritte Stadt der »Eisenwurzen« steht dann Waidhofen an der Ybbs im kühlen Glanz des Eisens, oft in Streit mit Steyr wegen zu Unrecht beanspruchter Privilegien auf den kostbaren Stoff.

Die Macht der Steyrer Eisenverleger ging weit, ihre Kontore in Venedig und in den Hansestädten regelten den Absatz des Eisens nach Afrika, Asien und Rußland. Als Erzherzog Karl, Vater von Kaiser Ferdinand II., der in Graz residierte, das gesamte Eisenwesen der österreichischen Erblande an sich reißen wollte, scheiterte er an den Steyrer Eisenverlegern, die den berühmten Montanisten Hans Steinberger zu Hilfe gerufen hatten. Er, der unbestechliche Lutheraner, auch verfolgt wegen seines reformierten Glaubens, doch von den Habsburgern als Fachmann im Bergbau hoch geschätzt und immer wieder geholt, stellte sich auf die Seite der Steyrer.

Noch heute bewundern wir die steinernen Zeugen der lang anhaltenden Glanzepoche Steyrs: das Bummerlhaus, eines der schönsten Profanhäuser der deutschen Spätgotik; die Stadtpfarrkirche, ein prächtiges gotisches Münster, die neugotische Innenausstattung nicht einbezogen, die, wie immer bei einer Mode, der alten barocken weichen mußte; den Innerbergerstadel, diesen herrlichen Getreidespeicher im Renaissancestil, den Michael Blümelhuber vor der Schleifung rettete, als man an seine Stelle ein modernes Postamt zu bauen beschlossen hatte; das Neutor von Hans Gasteiger, dem großartigen Wasserbaumeister, als Schutz gegen die Hochwasser der Enns, nachdem das eine im Jahre 1572 die Häuser des Kais von der Brücke bis zur Dominikanerkirche (heute die Kirche der Jesuiten) weggerissen hatte. Auch der Friedhof auf dem Tabor gehört zu diesen Bauten, wo Stöffl Fadinger, der vertrauensselige und ewig zaudernde Obristhauptmann der aufständischen Bauern sein Heer lagern ließ, während er selbst im Steyrer Rathaus aus den Händen des Stadtschreibers Wolf Madlseder die Schlüssel der Stadt entgegennahm und dann im Hause dieses Mannes am Stadtplatz Wohnung bezog, und wo 1934 österreichische Soldaten den Befehl erhielten, auf österreichische Arbeiter zu schießen, der Bruder auf den Bruder: alles historische Tage dieser geschichtlich so reich bedachten Stadt, die wir nicht vergessen sollten, um sie nicht einmal zu wiederholen. Und sind nicht auch andere Bauten, das Rathaus des Johann Gotthard Hayberger, Baumeister und Bürgermeister zugleich, das Lamberg'sche Schloß über Zwischenbrücken, hoch über dem Zusammenfluß der Enns und Steyr, schließlich die (freilich nur mehr spärlichen Objekte) der Waffenfabrik Josef Werndls am Wehrgraben, des Mannes, den man den Waffenkönig Europas genannt hat, und die sogenannte Neue Fabrik, im Ersten Weltkrieg erbaut, Zeugen für jenes Eisen und seine Verarbeitung, ob nun direkt oder indirekt darauf bezogen! So geht es auch fort bis auf den heutigen Tag. Eine Stadt, die vom Eisen lebt. Sie strahlt immerzu die Aura aus, die einem Stoff innewohnt, den der Mensch in mühsamem Prozeß aus der Erde gewinnt, mehr als ein nur physiologisches, chemisches Verfahren, geradezu mystisch. Da steckt schon etwas Geheimnisvolles darin, so einfach sich für den Techniker alles vollzieht. Wie sollte sich diese heimliche Kraft nicht in einem Sohn dieser »Eisenwurzen«, dieser Stadt Steyr gesammelt haben und hervorgebrochen sein mit ungestümer, fast dämonischer Gewalt! Noch dazu war er der Sohn eines Säbelschmiedes, also von der Branche. Da konnte es kein Halten mehr geben. Er mußte selber Messerschmied werden.

Acht Jahre seliger Dorfkindheit zuerst in Unterhimmel und Christkindl, in den Steinbrüchen, im Gebüsch und unter den Bäumen der Christkindlleiten, die damals noch unverbaut war, und am Werkkanal und am romantischen Steyrfluß. Wer eine solche Kindheit auf dem Dorf genossen hat, weiß, daß sie zu den unverlierbaren Erlebnissen eines Menschendaseins zählt. Dann aber kam für den kleinen Michel Blümelhuber – und Michel hat er sich noch genannt, als er schon ein berühmter Mann war – eine qualvolle, insbesonders für die Seele trübe Zeit. Er erkrankte bei einer der seinerzeit so häufigen Epidemien an Typhus (auch eine Begleiterscheinung einer von öffentlicher Hygiene noch wenig berührten Zeit) und in der Folge blieb ihm eine Kiefersperre – bis in sein 27. Lebensjahr. Da erlöste ihn der überragende Chirurg Theodor Billroth durch ein paar gewagte Operationen von diesem Übel und zur Erinnerung blieb eigentlich nur eine breite Narbe auf der Wange zurück. Michael Blümelhuber ließ einen Vollbart über sie wachsen, der ihm sogar ein charakteristisches Aussehen gab.

Neunzehn Jahre nur flüssige Nahrung zu sich nehmen zu können! Stellen wir uns das vor! In diesen beiden Jahrzehnten besuchte er die Bürgerschule in Steyr und dann die erst jüngst errichtete Fachschule und Versuchsanstalt für Eisen- und Stahlbearbeitung, die Vorgängerin der heutigen Höheren Technischen Bundeslehranstalt. Es mag als eine Fügung des Schicksals, ja als ausgleichende Gerechtigkeit angesehen werden, daß er hier einen

Lehrer hatte, der als Wiederentdecker der alten Kunst des Stahlschnittes gilt, Gustav Ritzinger. Bei Anton Batsche in Wien hatte er, geborener Wiener, diesen Stahlschnitt gelernt. Nach Besuch dieser neuen Lehranstalt gründete Michael Blümelhuber eine eigene Messerschmiedewerkstätte in der Sierninger Straße in Steyr, Beginn dafür, seine Ideen in Stahl umzusetzen. Welche Energie! Das konnte nur ein Mensch, der wußte, was er wollte, und dem, das ist nicht zuviel gesagt, sein Material, das Eisen und der Stahl, den Weg wies.

Zurückblickend ist es leicht ausgesprochen, aber es ist gewiß nicht abwegig: gerade diese Krankheit hat ihn in seinem Streben bestärkt. Sie führte ihn nach innen, stählte seine Disziplin. Daß er kein Sonderling wurde, kein Grübler, kein Utopist – und diese Gefahr lag nahe – verdankte er dem guten Erbe, das ihm seine Eltern mitgegeben hatten. Im Grunde hatte er eine fröhliche Natur. Wer ihn im Kreise seiner streng ausgewählten Freunde und mitten unter der Jugend erlebt hat, weiß, daß er so lachen konnte wie jeder andere auch. Wahrscheinlich war es auch diese Krankheit, die ihn nach kurzer Zeit sein Hilfslehramt an der Fachschule aufgeben ließ. Es dürfte ihn aber schon von allem Anfang an zur selbständigen Arbeit gedrängt haben. Sein Lehrerposten war nur eine Übergangslösung.

Direktor der Schule war in dieser Zeit Alfred Musil, der Vater des Dichters Robert Musil, Autor des großen Romans »Der Mann ohne Eigenschaften«, der auch die Volksschule auf der Handel-Mazzetti-Promenade in Steyr in allen fünf Klassen besucht und dann noch ein Semester der ersten Klasse der Oberrealschule am Michaelerplatz absolviert hat. Dann zog er nach Brünn, wohin sein Vater als Professor der dortigen Technischen Hochschule berufen worden war. Er ging von Steyr, weil ihn die Aufgaben als Direktor der Fachschule nicht restlos erfüllt haben.

Immerhin gehörte schon um die Jahrhundertwende, noch im tiefsten Frieden, wie man glauben sollte, angeborener Mut, ein starker Wille und – der Kredit der Steyrer Sparkasse dazu, eine eigene Werkstatt zu errichten. Fleiß und Zähigkeit, etwas Hervorragendes zu schaffen, denn das geht auch nicht nur mit Talent oder Genie, gesellten sich bei. So gelang es ihm: die ersten Arbeiten, die er fertig brachte, erweckten Staunen und Freude bei dem Majoratsherrn von Steyr, bei Emmerich Graf Lamberg, der ein Liebhaber schön verzierter Messer – und von Spielpuppen war, wie man in den Sammlungen des Steyrer Heimathauses (Stadtmuseum) im Innerbergerstadel am Grünmarkt noch heute nachprüfen kann. An die umfassende Messersammlung des Anton Petermandl, die gottlob auch wieder in die Mauern Steyrs zurückgekehrt ist, kam die seine allerdings nicht heran. Graf Emmerich Lamberg war ein österreichischer Aristokrat ohne jene Degenerationserscheinungen, die den Angehörigen dieses einst bevorzugten Standes nicht gerade in böswilliger Weise nachgesagt werden. Auch ein munterer Forstmann und Ökonom war er, der kleine Fabriken betrieb, Duzfreund des Thronfolgers Erzherzog Franz Ferdinand d'Este, halb Ungar halb Österreicher, ein Weltmann, einer, der sich's richten konnte, aber berufen, einem jungen Messerschmiedmeister, der an Kiefersperre litt, Selbstvertrauen zu schenken, ihm Aufträge zu vermitteln und – was das wichtigste war – seine Bildung zu heben. Lücken gab es da genug, soviel er sie auch durch eigene Lektüre ausgemerzt haben mochte. Seine Krankheit hatte ihn ja nicht zuletzt vor sprachliche Schwierigkeiten gestellt, er war daher dem Dialog nicht allzu zugeneigt. Die Anleitung fehlte. Jetzt hatte er sie. Hier liegt zweifellos der Grund zu seiner späteren Gewandtheit im Umgang mit Personen privilegierter Kreise wie gleichgestellten, immer ein Zeichen geistiger Freiheit, ohne die ein Freischaffender nur zu schnell in totale Abhängigkeit gerät und seine ureigene Welt nicht mehr austragen kann.

Jede intensive geistige Beschäftigung treibt aber die persönliche Energie hoch, wenn man nicht ein ganzer Bücherwurm ist. Auch Michael Blümelhuber hat dies erlebt.

Da sind seine ersten Stahlschnittarbeiten, die Papierscheren für Emmerich Graf Lamberg, Thronfolger Franz Ferdinand, Kaiser Franz Joseph und die Familie Nobel, deren berühmtes Mitglied Alfred, der Stifter der Nobel-Preise, bis an sein Ende Junggeselle blieb. Und weiter: das wundervolle Eßbesteck mit Hülse für den Wiener Regierungsrat Louis List und die beiden kunstvoll aus je einem Stück und vollem Material herausgearbeiteten Jagdmesser für den Landgrafen Vinzenz Egon zu Fürstenberg und den Baron Max von Imhof in Dorf an der Enns, Schwiegersohn von Josef Werndl. Im Handumdrehen machten sie, als das eine oder andere Stück des jungen Meisters auf einschlägigen Ausstellungen gezeigt wurde, Michael Blümelhuber bekannt, ja berühmt. Hier war etwas Neues zu sehen. Vollendete technische Beherrschung des Stahls, hohe künstlerische Form. Kunsthandwerk stieg auf zur Kunst.

Nicht genug! Blümelhuber wagte sich an die Konstruktion eines Luftschiffes. Das lag damals eben so in der Luft. Im Gegensatz zu dem deutschen Grafen Zeppelin kam Michael Blümelhuber nur bis zur Herstellung eines Modells und zur Herausgabe einer Broschüre, in der er seine Gedanken zu seiner Erfindung und zur Luftschiffahrt festlegte. Der Aero-Club in Paris interessierte sich längere Zeit hindurch für das Projekt. Mangels ausreichender finanzieller Mittel schlief die Sache dann ein. Erfinder gespielt hat Blümelhuber noch in den dreißiger Jahren unseres Jahrhunderts, und sicherlich hat er auch diese nur sich selbst gestellten Aufgaben sehr ernst genommen. Darin zeigt sich ja seine schöpferische Natur: daß er Kraft für mehr als die Stahlschnittkunst besaß, wie er dann auch mit seinen Dichtungen bewies. Aber die Stahlschnittkunst oder später die Stahlbildhauerei, so nannte er seine Stahlschnittarbeiten dann im Sammelbegriff, war immer der Ausgangs-, Angel- und Mittelpunkt seines gestaltenden Elements. Zuletzt mündeten alle diese Nebentätigkeiten auch wieder in die Stahlschnittkunst, trieben diese voran.

Eine Renaissancefigur, wie sie sich uns in Leonardo da Vinci, Michelangelo oder anderen italienischen Meistern freilich in unnachahmlicher Weise ausgeprägt hat. Aber auch darin ist er ein Künstler des 19. Jahrhunderts, der wohl nur ein Drittel unseres Säkulums miterlebte, ein Gestalter mit hybrider individualistischer Schöpferkraft, die einen ganzen Mann beanspruchte, sein Körperliches wie seine Seele. Ein geballtes Wesen Mensch mit einem Schuß von Geheimnis, Dämonie also, nicht anders bekannte man sich in der Kunst seit der Renaissance. Nun erschöpfte sich das Übermaß. Einer war noch da, Richard Wagner, auch er ein Unbedingter, der sein Ziel nie aus den Augen verliert, bis er es im Bau eines Festspielhauses greifbar hat, möge bei dessen Finanzierung dran glauben wer immer. Darin gleicht ihm Michael Blümelhuber auch. Ihm glückte es nach langen Kämpfen, ein »Meisteratelier für Stahlschnitt« zu gründen. Es ist heute im Besitz des Bundes, nicht zweckentfremdet, sondern Heim für die Abteilung »Gestaltendes Metallhandwerk« der schon erwähnten Höheren Technischen Bundeslehranstalt, viele Jahre von Prof. Hans Gerstmayr, dem ersten Mitarbeiter Blümelhubers und nunmehrigen Altmeister des künstlerischen Stahlschnittes geleitet, die Ausbildungsstätte zahlreicher bedeutender Stahlschnittkünstler unserer Tage.

Dieses Meister-Atelier wurde in den Jahren 1908 bis 1910 gebaut. Seither hat Michael Blümelhuber darin bis an seinen Tod gewohnt und gearbeitet, zuerst mit Hans Gerstmayr und Ferdinand Anders, später mit Hans Kröll und Franz Xaver Ledl. Schüler im eigentlichen Sinn hat er keine gehabt, alle seine Mitarbeiter kamen technisch fertig ausgebildet zu ihm. Er überging da großzügig das Statut des Meister-Ateliers, das Schüler vorschrieb, aber das gehört zu Blümelhubers Aufstieg, ja, zu seiner Renaissancenatur. Am Schlusse seines Lebens hatte sich der Kreis bei ihm gerundet. Hans Gerstmayr ist mit seinem kunstvollen Werk im Volkstümlichen aufgegangen, er ist der Schöpfer der als »Steyrer Schmuck« bekannten Stahlanhänger, -armbänder und -ringe, und Hans Kröll, der die Linie Blümelhubers aufgenommen und auch dessen letzte Arbeiten vollendet hat, ein Stahlschnittkünstler von außerordentlicher technischer Fertigkeit und vorbildlicher Einfühlung in den spröden Werkstoff, bildete sich noch während seiner Jahre bei Blümelhuber an der Akademie der Bildenden Künste in Wien, zuletzt als Meisterschüler von Josef Müllner, zum Bildhauer aus und war dann in seiner Vaterstadt Krems an der Donau mit Erfolg tätig. Leider ist er früh gestorben, ein charaktervoller, umgänglicher Mensch.

Michael Blümelhuber blieb, alles in allem, allein. Aber die Stahlschnittkunst wird früher oder später wieder bei ihm anschließen, so wie er bei seinem Lehrer Gustav Ritzinger angeschlossen hat, also bei einer Wiener Schule, die aber keineswegs so eigenartig war, daß man sie – zum Beispiel im Gegensatz zur Wiener Werkstätte – besonders herausstellen könnte. Blümelhubers Meisterwerke, von denen leider so manches während des Zweiten Weltkrieges »bombensicher« nicht aber diebstahlssicher im böhmischen Hohenfurth verlagert war, sind bis auf den heutigen Tag verschollen, ausgenommen die symbolische Plastik »Deutsche Zukunft – Menschheitszukunft«, die im Wiener Dorotheum aufgetaucht und heute im Besitz von Hans Gerstmayr ist.

Nicht von ungefähr bahnte sich in Michael Blümelhuber schon vor dem Ersten Weltkrieg eine Wandlung an. Als ob er die grausamen vier Jahre, als ob er die noch schrecklicheren fünfeinhalb Jahre des Zweiten Weltkrieges habe voraussehen können, überkam es ihn, dem Stahl, diesem Stoff, der nur zu oft für die Herstellung massenmordender Waffen gedient hatte, eine neue Rolle zuzuweisen. Sie konnte, von ihm besehen, natürlich nur symbolischer Art sein. Mit dem »Stahlkreuz von Kalksburg« begann es und setzte sich fort mit dem »Linzer Domschlüssel«, der Unika-Plakette

»Evangelium«, der »Himmelsbotschaft«, der »Menschheitszukunft«, der »Kralle des Widersachers« – von bipolarem Denken erfüllt, der »Schöpferhand«, dem »Medaillenbaum« und dem unvollendet gebliebenen »Baum der Erkenntnis«. Auch der »Bergmannsstock von Witkowitz« darf in dieser Aufzählung nicht fehlen.

»Menschheitszukunft« ist in dieser Reihe eine Plastik, die durch ihren sinnbildhaften Bezug auf eine Freundschaft zwischen Deutschland und Frankreich als Grundlage für einen Zusammenschluß Europas noch heute vollen ideellen Wert besitzt. Konrad Adenauer – wie vor ihm Paul von Hindenburg – hat diesem reifen Werk noch in einem Brief vom 15. Oktober 1963 an Franz Lugmayer den Älteren, den getreuen Freund des Meisters, treffende Worte gewidmet.

Bei allen diesen plastischen Arbeiten ging es ihm nicht darum, ein Werkstück unter vielen, vorher bis ins letzte ausgedacht, in technischer Vollendung fertigzustellen; jetzt mußte die Humanität aus dem Stahl aufleuchten, dieses »Liebe deinen Nächsten« des Menschensohnes, jene höchste Humanität, die heute sooft in den Mund genommen, aber viel seltener vollzogen wird. Der Erdball ist voll von Aufruhr und Krieg, und daß es nicht gerade bei uns geschieht, besagt bei den durch die modernen Verkehrsmittel zusammengeschrumpften Wegstrecken natürlich gar nichts. Der Menschensohn wird überall, an allen Ecken und Enden, und immerzu ans Kreuz genagelt, der arme Mensch, der stets vertraut und der so oft enttäuscht wird. Daran hat sich seit zweitausend Jahren nichts geändert.

Michael Blümelhuber war so erfüllt von diesem Gedanken, daß er ihn zuvor und nebenbei immer auch in der Schrift ausdrücken wollte. Geschrieben hat er allezeit überaus gern, technisch Fachliches, auch ein paar Gedichte schon vor der Jahrhundertwende. Wie gut er mit der Feder umzugehen wußte, sagt uns sein »Offener Brief an den Herrn Reichskanzler Adolf Hitler« vom Herbst 1934, ein diplomatisches Meisterstück, das man damals wohl anders aufgefaßt hat, als es sich heute, nach der Katastrophe von 1945, für viele Zeitgenossen einwandfrei in seinem wahren Gehalt enthüllt.

So hat ihn auch sein Besuch an den Fronten des Ersten Weltkrieges seine »Weltenwende« mit dem Geleitband »Bekenntnisse eines Briefwechsels« schreiben lassen, der dann »Walhall in Brand« und »Jung Faust an die Menschheit« folgten, Aufschreie seines Herzens, wenn auch keine ausgefeilten Dichtungen. Eine literarhistorische Kritik aus der Feder von Moriz Enzinger wird näher auf diese Schriften Blümelhubers eingehen. Ohne sie würde uns in der Kette seines Künstlerlebens doch mehr als ein Glied abgehen, wir würden uns nicht über alle seine schöpferischen Schritte im klaren sein. Bei einem Künstler ist ja alles, was er denkt, wichtig, nur ist nicht alles immer reif genug, als reine Kunst zu gelten. Daß er Benvenuto Cellinis Lebensgeschichte in der deutschen Übertragung von Goethe zu seinen Lieblingsbüchern zählte, ist solch ein Hinweis. Die Beschreibung Cellinis von den verschiedenen metallurgischen künstlerischen Techniken hat ihm wohl manchen Fingerzeig für sein eigenes Werk gegeben, ein Beispiel dafür, daß er jede Möglichkeit aufgriff, sich auch noch technisch immer weiterzubilden, so hoch er mit seiner technischen Handfertigkeit gelangt war. Das ist beste Künstlerschaft.

So hatte er sich, als sein Leben zur Neige ging, im tiefsten und schönsten Sinne des Wortes vollendet, sein Kreis war in zweifacher Hinsicht geschlossen: einmal in der Erreichung seines Ziels, das ihm in den schweren Jahren seiner Jugend wie ein herrlicher Traum, ja wie eine Fata Morgana vorschwebte, und einmal in seinem Höhenflug, als Stahlschnittkünstler allein dazustehen in dem Augenblick, da ihm ein Ende gesetzt war. Man soll das nicht etwa als innere Schwäche, eine kleinliche menschliche Eitelkeit, ansehen. Es gehört zu ihm, zu seiner künstlerischen Entfaltung. Und sogar ein drittesmal verdichtete sich der Lebens- und Schaffenskreis: sich dort zu betten, wo die Reise begann. Das alles konnte freilich bei seiner Geburt niemand ahnen. Selten genug, schon bei seinem Tod, weil bereits zu Lebzeiten, berühmt zu sein! Gestorben ist er am 20. Jänner 1936, halb zwölf Uhr mittag, im Haus des Meister-Ateliers am ehemaligen Posthofberg. Die Steyrer bereiteten dem Trauerzug durch die Stadt ihre Ehrerbietung, wer nicht mitging, stand im doppelseitigen Spalier. Wie immer das Volk viel besser einen wahren Künstler versteht als mancher Zeitgenosse, der sich Kunstexperte nennt. Die Freundschaft, die den Stahlschnittkünstler mit Moriz Enzinger verband, hat sich über das dichterische Werk Blümelhubers entwickelt. In dem Kapitel »Die Freundschaft Michael Blümelhuber – Moriz Enzinger« ist davon zu lesen.

Professor Michael Blümelhuber, Stahlschnittmeister

Stahlanhänger
von Michael Blümelhuber

Linzer Domschlüssel, Höhe 30 cm,
von Michael Blümelhuber

Plastik »Menschheitszukunft« von Michael Blümelhuber

Meister Mich

ist gestorben. Am 20. Jänner 1936

Wir geleiten den großen S
um 3 Uhr nachmittags vom Trauerl
in dem von der Stadtgemeinde g
Das heil. Requiem mit Libe
Vorstadtpfarrkirche um 9 Uhr vorr

Die Ange

STEYR, 20. Jänner 1936.

Städtische Leichenbestattung, Ste

Blümelhuber

schloß er für immer die Augen.
rs am Donnerstag, dem 23. d. M.,
melhuberstraße 3, zur letzten Ruhe
Ehrengrabe.
m Freitag, dem 24. Jänner, in der
gehalten.

und Freunde des Meisters.

sse 1. — Vereinsdruckerei Steyr.

Ehrengrab von Michael Blümelhuber
auf dem Steyrer Friedhof mit Porträt des Künstlers
(eine Treibarbeit von Hans Gerstmayr)

»Himmelsbotschaft« von Michael Blümelhuber

Baronin Enrica von Handel-Mazzetti
Foto: Hans Gerstmayr

Die Dichterin Enrica v. Handel-Mazzetti

Österreichische Dichter haben – wie auch die anderer Länder und Nationen – ihre besonderen Schicksale. Das liegt aber auch vielfach an den Zeitläufen, die schöngeistige Werke emporheben, fallen lassen, vergessen, und wieder aus der Literaturgeschichte heraussuchen, wiederum nur zu oft wahllos, je nachdem die Weichen anders gestellt sind. So haben Grillparzer, Kafka und Musil zu Lebzeiten wenig gegolten. Enrica von Handel-Mazzetti aber stand bis zu ihrem 68. Lebensjahr in der vordersten Reihe nicht nur der österreichischen, sondern auch der deutschen Dichter. Moriz Enzinger weiß über ihr Leben von seiner gründlichen Forschung her gewiß mehr zu berichten, als man in den letzten Jahren hören konnte...

Vielfältig ist die Blutmischung der Dichterin gewesen, worauf man ihre Einfühlung in fremde Völker und Stämme zurückführen wollte. Zweifellos besaß sie die Begabung, Fremdes zu erfassen und dem Verständnis zu erschließen. Denn sie war nicht nur bemüht, Angehörige verschiedener deutscher Stämme zu zeichnen, sie ließ auch jeden nach seinem Stand, ja seiner Mundart sprechen, griff aber auch über das deutsche Volk hinaus und stellte Angehörige anderer Völker oft mit ein paar Strichen kenntlich dar.

Vier Nationen vor allem sind in ihr zusammengeflossen: Deutsche, genauer gesagt Schwaben, Italiener, Holländer und Ungarn.

Die Handel saßen im 17. Jahrhundert in Schwaben, ein Handel war 1656 bis 1676 Bürgermeister in Weißmain. Peter Handel studierte in Würzburg, wo er 1657 den Doktorgrad erwarb. Frau Margarete Handel, geborene Knauer, wurde 1674 der Hexerei bezichtigt und dreimal der Tortur unterworfen, an deren Folgen sie schließlich starb, ohne aber verurteilt worden zu sein, denn sie erhielt ein christliches Begräbnis (1674 mit 75 Jahren am 14. Dezember gestorben).

Die Handel standen vielfach im Dienste des Deutschen Ordens. Paul Anton Handel führte die Deutschordens-Kanzlei in Mergentheim, wurde 1800 als Geisel ins französische Hauptquartier nach Heilbronn gebracht und lernte dort seine erste Gemahlin Julia Friederike von Prehn kennen, die aber bereits 1806 starb. Als Württemberg die Besitzungen des Deutschen Ordens an sich riß, hatte Paul Anton das Vertrauen der österreichischen Staatskanzlei und ihres damaligen Leiters Graf Philipp Stadion, erworben und er übersiedelte nach seiner zweiten Vermählung mit Komtesse Philippine Berchem 1811 nach Wien. Nach dem Wiener Kongreß wurde er zum Direktor der Bundeskanzlei in Frankfurt am Main bestellt und 1819 in den österreichischen Freiherrnstand erhoben. Nach dem Tod seiner zweiten Gattin heiratete er 1824 Therese Gräfin Armannsperg und kaufte 1827 die Herrschaft Hagenau im Innkreis. 1828 wurde er in die ständische Versammlung in Linz eingeführt und wandte sich bald in Frankfurt gegen die immer stärker werdende Aspiration Preußens auf die Vormachtstellung im Deutschen Bund. Er trat erst 1840 in den Ruhestand, den er in Hagenau verbrachte, wo er 1847 starb. Dieser Paul Anton wurde der Urgroßvater der Dichterin.

Die Urgroßmutter Julia Friederike von Prehn, Tochter der Katherina Freifrau von Prehn, geboren in Kirsten, war holländischer Abkunft. Ihr Vater, Hendrik von Prehn, war Oberst und Stadtkommandant in Kapstadt. Die Familie, die sich später Pren schrieb, gehörte zum Uradel Mecklenburgs und Pommerns. Hendrik quittierte aber 1782 den Dienst und starb drei Jahre später in Heilbronn, wo er seine Frau mit vier Kindern zurückließ. Paul Anton heiratete Julia Friederike 1802. Ob sie 1806, nachdem sie mehreren Söhnen, darunter auch Heinrich, dem Großvater Enricas, das Leben geschenkt hatte, an der Geburt eines Kindes starb, wurde nie geklärt. Der Vater war während der Zeit dienstlich abwesend.

Heinrich (Harry) Handel (1806 bis 1887), später Feldzeugmeister und Geheimer Rat, heiratet 1835 als Hauptmann Karoline Freiin Mazzetti von Roccanuova (1814 bis 1876), Tochter des Appellationsgerichtspräsidenten in Mailand.

Dieser, Antonio Mazzetti, Freiherr von Roccanuova (1784 bis 1841), war der Sohn eines Gerichtsschreibers in Trient und galt als einer der berühmtesten Juristen der Lombardei. Er wurde 1813 Prokurator beim Obersten Gerichtshof in Trient, 1816 Hofrat beim Senat der Obersten Justizstelle in Verona, 1824 Präsident des Ziviltribunals erster Instanz in Mailand, 1823 Präsident der Lombardischen Appellationsgerichtes in Mailand und wurde 1838 in den österreichischen Freiherrnstand mit dem Prädikat »von

Roccanuova« erhoben. Seine Frau war Lucia de Sardegna zu Hohenstein und Neuburg (1788 bis 1858). Da Antonio Mazzetti als letzter seines Stammes starb, ohne männliche Erben zu hinterlassen, kamen die Gatten seiner Töchter um das Recht ein, ihrem Namen den des Schwiegervaters nach Art eines Prädikates anzugliedern, was vom Kaiser bewilligt wurde. Daher nannte sich bereits der Großvater der Dichterin Handel-Mazzetti.

Heinrich Freiherr von Handel-Mazzetti hatte sieben Kinder, vier Söhne und drei Töchter. Der dritte Sohn, Heinrich Hippolyt, wurde der Vater der Dichterin (1839 bis 1870). Er war noch in Mailand geboren, mußte aber dann mit der Garnison des Vaters oft den Wohnsitz wechseln, 1841 Königgrätz, 1842 Josephstadt, 1845 Prag, im März 1848 Wien. Hier wurde Oberst Baron Heinrich von Handel-Mazzetti dem Hofstaat des Erherzogs Franz Karl zur Erziehung seines Sohnes Ferdinand Maximilian, des späteren unglücklichen Kaisers Max von Mexiko, zugeteilt. Er wohnte von da an in der Hofburg. Da er auch noch mit dem Hof verschiedenste Reisen unternehmen mußte, wie die Flucht über Linz nach Innsbruck bei Ausbruch der Revolution 1848, so gab man den Ältesten in die Militärakademie nach Wiener Neustadt, die zwei Jüngeren aber in das Studentenkonvikt nach Kremsmünster, bis Heinrich dann 1850 ebenfalls als Kadett nach Wiener Neustadt kam. 1857 zum Unterleutnant befördert, ging er gleich zu den Truppen in die Lombardei ab und diente im Feldzug 1859 seinem Vater als Adjutant, dessen Division bei Montebello und Solferino die schwersten Kämpfe bestand. Nach dem Feldzug wurde er zum k. k. Generalstab einberufen, machte den Krieg 1866 mit den Jägern an der Front mit und vermählte sich 1868 mit Irene, der dritten Tochter des pensionierten Hofrats der ungarischen Hofkanzlei, Laurenz Csergheö von Nemes-Tacskand. Diese Heirat wurde erst nach Überwindung großer Schwierigkeiten, die dem Generalstabsoffizier erwuchsen, bewilligt. Irene von Handel-Mazzetti, Tochter der Wilhelmine von Ebeling, kam aus einer konfessionellen Mischehe. Ihre Mutter stammte aus Dünkirchen, war holländischer Abkunft und Protestantin. Ihr Vater, also der Urgroßvater Enricas, M. de Chappins, war in der Schweiz als reformierter Prediger tätig gewesen, was sich wohl irgendwie noch in »Graf Reichard« spiegelt. Die Großmutter, eine zarte und überaus fromme Frau, ließ ihr Kind Irene 1857 im Alter von 13 Jahren zurück, als sie starb. Irene selbst war noch Protestantin, Kalvinerin. Zu Lebzeiten ihrer Mutter wurde sie von einer ungarischen

Gouvernante erzogen, später durch eine Engländerin weiter ausgebildet. Der Vater, der sehr streng war, zeigte in religiöser Hinsicht josephinisch-liberale Ansichten und keine kirchenfreundliche Einstellung. Äußerst genau wurden Theaterbesuch und Lektüre überwacht. Trotz seiner sieben noch unerwachsenen Kinder heiratete der Vater nicht mehr, weil er für seine Kinder keine Stiefmutter haben wollte; die älteste Tochter mußte die Mutter ersetzen. So wuchs Irene in trüber, freudloser Jugend auf und sprach nie gern davon. Sie war von hoher schlanker Gestalt, während ihr Gemahl Heinrich Hippolyt zierlich-klein an die italienische Abstammung seiner Mutter denken ließ. Er war zwar nicht von kräftigem Körperbau, aber sehr ehrgeizig und strebsam, was an seinen Großvater Antonio erinnerte. Er starb früh 1870 an einer Gehirnhautentzündung, die er sich bei Mappierungsarbeiten in glühender Sonne durch einen Sonnenstich zugezogen hatte.

Enrica von Handel-Mazzetti, nach ihrem Vater Heinrich italienisiert benannt, kam als nachgeborenes Kind in Wien am 10. Jänner 1871 zur Welt, ihre Schwester Elvira war am 1. November 1869 geboren worden. Von den Vorfahren hatte sie also deutsches, italienisches, holländisches und ungarisches Blut in den Adern und schien darum auch anderen Kulturen als der deutschen gegenüber aufgeschlossen. Von wem sie ihre Begabung hatte, ist schwer zu sagen. Die Handel waren gute Beamte und Militärs, ebenso die Cserghĕo, über die man sonst wenig weiß. Der italienische Großvater Antonio Mazzetti schien hingegen auch dichterisch begabt zu sein, wenn man das aus seinem neulateinischen Carmen auf Kaiser Ferdinand I. zu dessen Krönung mit der eisernen Krone der Lombarden in Mailand 1838 schließen darf, das auch Silvio Pellico in »I miei Prifioni« erwähnt. Aber Poesie gehörte ja damals noch zu den Lehrgegenständen des Gymnasiums, so daß auch dieser Fingerzeig ungewiß bleibt. Wichtiger war der konfessionelle Unterschied der beiden Eltern, der sich in religiösen Auseinandersetzungen mit den katholischen Handel geltend machte. Die Mutter war protestantisch, vermutlich kalvinischen Bekenntnisses, wenn auch ihrer Haltung nach liberal. Aber die religiöse Erziehung wurde deshalb nicht vernachlässigt. Einiges von diesen Dingen spiegelt sich wohl noch in den letzten Romanen, »Die Waxenbergerin« und »Graf Reichard«, wider. Nach der häuslichen Erziehung und der Bürgerschule kamen die beiden Mädchen nach St. Pölten in das Institut der Englischen Fräulein zur weiteren Ausbildung, und dieses Klosterjahr 1886/87 war für beide entscheidend. Nicht nur, daß sie eben weiter unterrichtet wurden: Das Zusammenleben im Kloster, die stark religiös betonte Atmosphäre, klösterliche Einrichtungen und Gepflogenheiten, strenge Tageseinteilung, Festlichkeiten wie Theateraufführungen – eine wird später im »Rosenwunder« geschildert – ließen Enrica dieses »denkwürdige Jahr« nie vergessen und mit kindlicher Liebe und Dankbarkeit hing sie zeitlebens an diesem Kloster, das ihr unvergeßlich blieb. Sicher war es auch das Gefühl der Geborgenheit, des umgrenzten Daseins gegenüber der Uferlosigkeit und Unruhe der Welt, und gewiß war es weitgehend die religiöse Belehrung, Übung und Umgebung, die das Empfinden umhegten Glückes erzeugten.

»Mein liebes St. Pölten Englisches Institut!« schrieb die Dichterin später. »Die süßlächelnde Himmelskönigin breitete im Pfortenbild ihren blauen Courmantel über das grellrote Dach eines Hauses im Meriangeschmack. Engel mit römischen Stiefeln, Heilige mit flatternden Locken, runde Kindlein, die auf ebenso runden Schnörkeln ritten, lachten fröhlich von der Front aus dem 17. in das 19. Jahrhundert hinein. Und auch innen war alles vieux genre. Die Kirche war frohes, leuchtendes Barock. Von der liliengekrönten Jungfrau und den graziös sich wiegenden Cherubim Reslfelds auf dem Hochaltar bis zum rotmarmornen Denkstein, von vergoldeter Tiara gekrönt, der in blassen Lettern verkündete, daß in diesem Kirchlein Pius VI. auf jener Reise zum Imperator Rast gehalten. ‚Hic genua flexit, ovicula benedixit.' Wir Kinder standen auf dem antiken Chörchen und sangen aus vergilbten Notenheften frohbewegt Litaneien, melodiöse Messen ... Wir trugen weißblaue Prinzeßkleider und dreieckige, mausgraue Umschlagtücher, fast wie die Demoiselles von St. Cyr, und die Klosterfrauen kleidete malerisch das Kostüm der englischen Witwen aus Mary Wards Zeit, der wallende schwarze Habit, der blendend weiße Kragen mit kleiner Falbel, der schwarzseidene Faltenschleier. Wir saßen im hochgewölbten Refektorium auf Bänken ohne Lehnen. Wir beteten ein französisches Tischgebet: ‚O Dieu, qui nous présentez les biens nécessaires à la nourritue de notre corps ...' Wir aßen von Blechtellern, ein gruseliges altes Gemälde hing an der Wand; der Kopf des heiligen Johannes des Täufers auf ähnlichem Blechteller, wie wir sie zum Essen hatten. Herodias hielt den Teller und lächelte wie eine bösartige Rokokofürstin ...« Alles weckt schöne Jugenderinnerungen, das Klavierzimmer, die riesige Gartenlinde, der Institutsgarten, sogar das Krankenzimmer, »auch wieder von einem reizenden lächelnden Rokokoschutzengel in römischen Stiefeln bewacht. Eine Schwester erzählte den Kranken Geschichten, und die Klosterseniorin, Fräulein Kofler, die manchmal am Arm der Krankenpräfektin hereingehumpelt kam, die wußte noch schönere Geschichten: vom Jahr Neun, wo die große Teuerung in Tirol war – ein Apfel kostete acht Kreuzer – vom Helden Hofer und vom Vizekönig Eugen in der goldenen Uniform – schöne alte gemütliche Zeit! Das war 1886. Schon zwei Jahre später kommt der Umschwung. Die Neuzeit zieht ein in das traute altfränkische Nest.«

In St. Pölten begann Enrica sich literarisch zu bilden und schriftstellerisch zu versuchen; in St. Pölten war eben durch das Klostertheater ihr schriftstellerischer Sinn geweckt worden, und wenn er dort auch nicht zur Reife kommen konnte, so sind doch in den damals entstandenen jugendlichen Arbeiten vielfach Ansätze für Späteres zu erkennen. Obwohl die Mutter trotz ihrer eigenen liberalen Ansichten die religiöse Erziehung ihrer Töchter nicht vernachlässigte, so war doch das klösterliche Jahr für die Ausbildung des religiösen Innenlebens entscheidend. Elvira trat später ins Sacré Cœur in Preßbaum ein, und Enricas Glaubensleben hatte sich vertieft und verwesentlicht, sie bereitete sich auf ein weltliches Klosterleben vor.

Nach der Heimkehr wurde die Ausbildung beider Mädchen fortgesetzt, in Literatur durch Professor E. Wiedenhofer, im Zeichnen durch den Maler Reinhold, ferner durch den Ästhetik-Professor der Wiener Universität Dr. Robert Zimmermann, dessen Schwester Mater Franziska in St. Pölten Enricas Englischlehrerin war. Auch wurde das Kunstverständnis durch wiederholte Besuche der kaiserlichen Gemäldesammlung, die damals noch im Belvedere untergebracht war, gebildet und vertieft. Enrica legte dann auch eine Diplomprüfung über französische und deutsche Sprache mit glänzendem Erfolg ab. Damals mußte sie auch Latein gelernt haben; die modernen Kultursprachen waren ihr ja geläufig. Ihre ersten schriftstellerischen Versuche fanden in Vereinsblättern und religiösen Zeitschriften Unterkunft, bald aber lieferte sie auch Feuilletons für die amtliche »Wiener Zeitung«, unter anderem einen Aufsatz über den Kremsmünsterer neulateinischen Dichter P. Simon Rettenpacher, dessen sie dann in ihrem ersten Roman »Meinrad Helmperger« sowie in ihrem letzten »Graf Reichard« (III, 63 ff., »Held und Heiliger«) gedenkt. Nachdem ihre Mutter 1901 gestorben war, zog sie 1905 mit ihrem Onkel Anton, der Kaiserlicher Gerichtspräsident in Steyr wurde, und mit Tante Luise dorthin, wo sie bis 1911 wohnte und (die Steyrer Romane »Die arme Margaret«; »Stephana Schwertner«) schrieb. Als 1911 Onkel Anton als Landesgerichtspräsident nach Linz versetzt wurde, ging sie mit und verbrachte ihr weiteres Leben in der oberösterreichischen Landeshauptstadt. Auch als Onkel Anton 1913 und Tante Luise 1921 gestorben waren, blieb sie in ihrer Wohnung Spittelwiese Nr. 15.

In der Jugend hatte sie wohl kleine Reisen gemacht, Sommeraufenthalt in beliebten Sommerfrischen genommen: am Wörther See, in Velden, bei Verwandten auf Landgütern, ein paarmal auch in Maria Taferl. Dort keimte der »Meinrad«, zu dem sie Material im Pfarrhof bei Dechant Dobner, ihrem ehemaligen Religionslehrer in St. Pölten, fand. Aber ab 1921 blieb sie kaum länger als ein paar Tage fern von Linz.

Mit wachsendem Ruhme viel besucht, mied sie doch in Gesellschaft zu gehen und vereinsamte mit zunehmendem Alter immer mehr. Nur einige Freunde hatte sie, die ihr nahestanden und sie besuchten. Sie spann sich immer ein und lebte ganz ihrer Arbeit, nur für ihr Werk, wie in einem Kloster, und sagte zu Paula von Preradovic, wirklich gemäß sei ihr das Leben einer Karmeliterin.

Zwei schwere Erkrankungen, eine Herzkrise und die Gefahr einer Netzhautablösung, überwand sie in gläubiger Ergebung. Sie hat darüber in ihrem Bändchen »Das heilige Licht« berichtet. Immer stärker hatte sie in ihren Romanen das Religiöse in den Vordergrund geschoben, was bei sinkender Gestaltungskraft ihren Leserkreis allmählich einschränkte. Der politische Umschwung tat das Seine dazu. 1941 wurden ihre Werke in Deutschland verboten. Aber sie trug alles mit Geduld. Ihrem letzten Roman »Graf Reichard« fehlte noch der dritte Band, er durfte nicht mehr gedruckt werden. Der Untertitel »Held und Heiliger« konnte damals auch nicht als Empfehlung dienen. Die letzte Kriegszeit verbrachte sie bei den Elisabethinen in Linz, die ihr und ihrem Manuskript Asyl gewährten.

Bei verschiedenen Anlässen wurden ihr manche Ehrungen zuteil: sie wurde Ehrenbürgerin der Städte Steyr und Linz, Mitglied der Deutschen Dichterakademie, war mit der Goethe-Medaille ausgezeichnet worden, erhielt die Goldene Medaille für Kunst und Wissenschaft der österreichischen Bundesrepublik und war die erste, der der Handel-Mazzetti-Preis des Österreichischen Bundesministerium für Unterricht verliehen wurde. Feiern und Festschriften wurden ihr gewidmet, der materiellen Not, in die sie durch die Zeitumstände geraten war, suchten offizielle Stellen mit Ehrenpensionen abzuhelfen. Denn die Zeit hatte sich entscheidend gewandelt, ihre Bücher wurden kaum mehr gelesen, sie selber war fast vergessen, als sie 84-jährig am 8. April 1955, an einem Karfreitag, einsam starb und in einem Ehrengrab der Stadt Linz auf dem Barbara-Friedhof unweit von Adalbert Stifters Grabstätte, nur von wenigen begleitet zur letzten Ruhe bestattet wurde.

Enrica von Handel-Mazzetti hat sich erst im ersten Drittel des 20. Jahrhundert einen großen Leserkreis und ein großes literarisches Ansehen erworben, das keineswegs unbestritten blieb. Ihre ausgeprägt katholische Weltanschauung, die sie in allen ihren Werken nicht nur zeigte, sondern die den wesentlichen Untergrund für Geschehen und Haltung bildete, brachte ihr den Vorwurf der Tendenz ein, während ihr von anderer Seite gerade wieder eine zweideutige, ja modernistische Unparteilichkeit vorgeworfen wurde. So kam sie, ohne es zu wollen, ins Kreuzfeuer der Meinungen, so daß sie zweifellos an Lesern einbüßte, obwohl sie längere Zeit unstreitig zu den meistgelesenen deutschen Schriftstellerinnen zählte, ja geraume Zeit als die bedeutendste deutsche Dichterin bezeichnet wurde. Sie selbst kann darauf hinweisen, daß ihr Ansehen und die Verbreitung ihrer Werke eine Generation hindurch gedauert habe. Das war die Zeit von 1900 bis etwa 1930. Dann freilich hatte sie nicht nur die Mitte des Lebens überschritten, sondern auch den Höhepunkt ihrer Leistung, wenngleich man ihre Alterswerke nicht von vornherein ablehnen darf. Aber es war nicht nur ihre Kraft zurückgegangen, es hatte sich auch in ihrer Art manches geändert, so daß sie nicht mehr jene Triumphe feiern konnte, die ihr in den besten Jahren beschieden waren. Aber das ist Menschenschicksal.

Dazu trat aber als zweites der Wandel der Zeit. 1931 hatte ihr Verlag Kösel & Pustet in München zur Feier ihres 60. Geburtstages ein großes Werk, das aus Beiträgen hervorragender Kenner der Dichterin zusammengefügt war, herausgebracht; sie war auch in ihrer Heimat gefeiert worden und zahlreiche Festartikel in Zeitschriften und Zeitungen lassen noch erkennen, welches Echo dieses Fest fand.

Mit dem politischen Umschwung durch die Machtergreifung des Nationalsozialismus und durch den Anschluß an Großdeutschland war auch für Handel-Mazzetti, die katholische österreichische Aristokratin, eine Wende eingetreten. Ihre Bücher durften bald nicht mehr in den Auslagen der Buchhandlungen gezeigt werden, es durfte für sie nicht geworben werden, und obwohl sie 1941 in die Deutsche Dichterakademie aufgenommen wurde, erteilte sie das Verbot ihrer Schriften – für einen Schriftsteller das Todesurteil. Zum übrigen wurde auch eine Feier ihres 70. Geburtstages verboten, verboten auch Huldigungen und Ähnliches, was ihre Verleger Kösel & Pustet in Form von persönlich gehaltenen Briefen, die dann später in einer Broschüre erscheinen sollten, vorgesehen hatten. Die Dichterin zog sich nun ganz ins Privatleben zurück, nachdem von ihrem letzten Roman »Graf Reichard« noch der I. Teil 1939 und der II. 1940 erschienen waren. Der Schlußband »Graf Reichard, Held und Heiliger«, der für 1941 vorgesehen war, durfte nicht mehr erscheinen und kam erst 1949 überarbeitet im Rex-Verlag in Luzern heraus (Nachwort vom 8. Mai 1949), denn der Verlag Kösel hatte schon früher seine Pforten geschlossen. Inzwischen aber holte man zum 75. Geburtstag die versäumte Feier nach, zu der auch eine Festschrift, gewidmet von der oberösterreichischen Landesregierung und dem Magistrat Linz, 1946 erschien. Für den 80. Geburtstag hatte sich die greise Dichterin jede öffentliche Feier verbeten, doch erschienen in verschiedenen Blättern manche Hinweise auf diesen Festtag.

Aber es war mittlerweile um die Dichterin still geworden. Schon in den dreißiger Jahren hatte man begonnen, sich mit ihrem Werk wissenschaftlich zu befassen, so hat die Linzer Bundesstaatliche Studienbibliothek zu früheren Autographen nach dem Tod der Dichterin eine umfassende Sammlung von Material durchgeführt, die vor allem der Umsicht des inzwischen verstorbenen Direktors der Studienbibliothek, Hofrat Dr. Kurt Vancsa, zu verdanken ist und die wertvolle Unterlagen für künftige Studien enthält. Es wurden dort neben verschiedenen Ausgaben der Werke vor allem Originalmanuskripte, Briefe, Familienpapiere, Skizzenhefte und zeichnerische Übungen zusammengetragen, dazu die Varianten der Korrekturen, also unentbehrliche Unterlagen für manche nun erst mögliche wissenschaftliche Untersuchungen. Man kann nur hoffen, daß diese Sammlungen vor allem durch Briefe der Dichterin, die noch verstreut sind (jetzt finden sich hauptsächlich die Briefe der Adressaten), ergänzt werden. Dokumente zum Modernismusstreit und zum Plagiatskonflikt mit Karl Schönherr sind reichlich vorhanden.

Wer die ersten zwanzig Jahre des 20. Jahrhunderts erlebte und literarisch einigermaßen interessiert war, konnte sich daran erinnern, welches Aufsehen die Romane der Handel-Mazzetti machten. Denn man hatte nicht nur eine neue Dichterin gewonnen, diese Dichterin zeigte eine ganz eigene Art. Sie schien aus der Vergangenheit heraus zu dichten, die sie bis auf die Sprache genau zu kennen schien, und sie wußte in einer Art zu erzählen, daß man hingerissen war. Trotz mancher Unwahrscheinlichkeiten, ja manchmal Unmöglichkeiten, die man freilich erst nach der Lektüre erkannte, glaubte man an das, was sie erzählte, als wäre es wirklich geschehen. Ihre Romane erschienen oft nach großen Pausen, aber dann brachte sie statt einem drei Bände auf einmal, wenn ihr die Handlung überquoll und sie mit einem Band nicht mehr das Auslangen fand. Dabei schien sie vom Naturalismus herzukommen, der aber eigentlich schon überwunden war, ließ dann aber auch Züge merken, die mit dem Naturalismus gar nichts zu tun hatten, so daß man zuweilen ratlos stand. Aber ihre Romane, wiewohl sie aus verschiedenen Gründen auch angegriffen wurden, bedeuteten doch einen Riesenerfolg. Es erschien Auflage um Auflage, es gab Übersetzungen, Dramatisierungen, Schulausgaben. Manchem schien diese Art von Dichtung übersteigert und überhitzt, aber war denn der Expressionismus nicht noch ganz anders? Anderen war das religiöse Moment zu stark betont, wieder andere stießen sich an Greuel- und Marterszenen, man sprach von Hysterie, ja von Sadismus. Aber man griff trotzdem immer wieder nach den Büchern dieser Dichterin, deren Können unbestritten, wenn auch eigenartig war. Da ihre Romane zu bestimmter historischer Zeit an bestimmten Orten spielten und diese Dinge für die Dichtungen nicht belanglos waren, reihte man sie in die Rubrik »Heimatkunst« ein. Doch sind sie im Grunde eigentlich anderen Wesens. Neben ihren großen Romanen hat die Dichterin eine ganze Reihe kleinere Arbeiten geschrieben, die man nicht übersehen oder vernachlässigen darf, denn sie sind durchaus nicht Nebensache und helfen das Gesamtbild zu untermalen, das sonst einseitig bliebe. Nur so kann man zum Wesen ihrer Kunst vorstoßen, ohne sich einer einseitigen Betrachtung schuldig zu machen. Und auch sonst wird manches erwähnt werden müssen, um das Bild zu runden, das Wesen Handel-Mazzettis und ihrer Kunst zu klären, soweit das heute möglich ist.

Zum Abschluß noch ein Ausspruch von Marie von Ebner-Eschenbach, die sich vor Enrica von Handel-Mazzetti in Freude und Bewunderung neigte: »Ich bin Dir gegenüber keine Meisterin, Du nicht meine Schülerin. Vielmehr würde ich die Deine, wenn ich nicht so alt wäre.«

„Sei ohne Furcht!
Denn Ich erlöse dich.
Ich rufe dich beim Namen;
du bist Mein."

(Is. 43, 1)

Am 4. Oktober 1975 starb im 84. Lebensjahre mein geliebter Mann, Herr

Univ.-Prof. Dr. Dr. h. c. Moriz Enzinger

emerit. Ordinarius für Österreichische Literaturgeschichte und Allgemeine Literaturwissenschaft
an der Universität Wien
Wirkl. Mitglied der Österreichischen Akademie der Wissenschaften
Ehrendoktor der Universität Innsbruck
Johannes-Kepler-Preisträger des Landes Oberösterreich
Inhaber des Ehrenkreuzes I. Klasse für Kunst und Wissenschaft
der Ehrenmedaille der Universität Innsbruck
sowie anderer Auszeichnungen.
Ordentl. Mitglied des Adalbert-Stifter-Instituts Linz
Ehrenmitglied der Grillparzer- und Stifter-Gesellschaft, beide Wien
sowie Mitglied anderer in- und ausländischer wissenschaftlicher Institutionen.

Seinem Willen entsprechend fand die Beisetzung im Grabe meiner geliebten Eltern auf dem Grinzinger Friedhof in aller Stille statt.

Die heilige Seelenmesse wird Mittwoch, den 15. Oktober 1975, um 9 Uhr in der Churhauskapelle zu St. Stephan, I, Stephansplatz 3, gelesen.

Wien, im Oktober 1975

Dina Enzinger geb. Hofmeister
im Namen aller Verwandten

Ich bitte, an Stelle von Blumengaben eine Spende der Hilfsgemeinschaft der Sehschwachen und Blinden, 1200 Wien, Treustraße 9, zuzuführen.

Der Literaturhistoriker Moriz Enzinger
(Selbstbiographischer Abriß 1973)

Geboren wurde ich am 30. Dezember 1891 in Steyr, OÖ., als zweiter Sohn des Kommerzialrates, Kaufmanns und Hausbesitzers Moriz Enzinger und seiner Gattin Marianne, geborene Brandl. Mein Vater stammte aus einer Wiener Seidenbandfabrikantenfamilie vom Schottengrund, Wien VII., Kandlgasse 12. Die Enzingergasse im VII. Bezirk, eine kleine Seitengasse der Lerchenfelder Straße, ist nach einem Großonkel benannt. Die Familie meiner Mutter stammt aus Schärding am Inn (OÖ.), wo mein Urgroßvater Nagelschmied und später Schirmmacher war. Der Vater meiner Mutter, also mein Großvater mütterlicherseits, hatte sich als Kaufmann zunächst in Vöcklabruck (OÖ.) und dann in Steyr niedergelassen, wo er sich zu seinem Geschäftshaus in der Stadt (Drogerie) gegen Ende seines Lebens ein Landhaus erbaute (Kompaßgasse 2), in dem ich als Kind seiner jüngsten Tochter zur Welt kam. Mein Vater übernahm später zu seinem Schnittwarengeschäft noch die Drogerie seines Schwiegervaters sowie das Haus Enge Gasse 21, in dem ich 25 Jahre verbrachte und das 1944 den Bomben zum Opfer fiel. Meine schöne sorgenfreie Kindheit verbrachte ich mit vier Geschwistern, besuchte in Steyr die fünfklassige Volksschule und auch noch eine Klasse der Bürgerschule, da ich schwächlich und gesundheitlich stets anfällig war. 1903 wurde ich an das Gymnasium der Benediktiner in Kremsmünster gegeben, wo ich alle acht Jahre zubrachte und stets unter den ersten der Klasse war. Im Untergymnasium erhielt ich daher auch in jedem Jahr bei der feierlichen öffentlichen Preisverteilung ein Prämienbuch als Anerkennung. Noch heute gedenke ich dankbar jener schönen Jahre und meiner Gymnasiallehrer, besonders der Professoren in Deutsch, Geschichte und den klassischen Sprachen. Neben dem Studium trieb ich Musik, Zeichnen und Malen, und das Leben in der schönen Gegend von Kremsmünster hat auch meine Gesundheit gekräftigt. Im Rückblick erscheint mir noch heute diese Zeit wie ein Paradies, auf dem freilich der verklärende Abglanz der frühen Jugend liegt. – Nachdem ich 1911 die

Reifeprüfung mit Auszeichnung abgelegt hatte, bezog ich zunächst die Universität Graz, um dort Deutsche Sprache und Literatur sowie Geschichte und Geographie zu studieren, schwenkte aber bald zur Romanistik als zweitem Fach hinüber. Doch schon nach einem Jahr ging ich zur Ausbildung in der französischen Sprache nach Freiburg in der Schweiz, wo damals Josef Nadler, dessen »Literaturgeschichte der deutschen Stämme und Landschaften« gerade erschien, die Lehrkanzel für deutsche Literatur übernommen hatte. Nadler verdanke ich eigentlich die Einführung in die Wissenschaft, die in dem kleinen Kreis seiner Hörer damals viel fruchtbarer sich gestalten ließ als an einer großen Universität. Bei meinem Abgang empfahl er mich an seinen früheren Lehrer August Sauer in Prag, wo ich dann 1916 mit der Promotion zum Dr. phil. meine Studien beendete. Wegen der Umstände verzichtete ich auf eine »promotio sub auspiciis imperatoris«, auf die ich auf Grund meiner Leistungen hätte Anspruch erheben können. Im gleichen Jahr legte ich auch noch die Lehramtsprüfung in Deutsch und Französisch ab und übernahm eine Supplentur an der damaligen Landesoberrealschule in Waidhofen an der Ybbs, wo ich zugleich auch noch als Präfekt im Schülerheim Verwendung fand. Im Frühjahr 1919 wurde ich an die Realschule in Krems an der Donau versetzt. Diese Jahre galten neben meiner Berufsarbeit der Vollendung und Herausgabe meines zweibändigen Werkes »Die Entwicklung des Wiener Theaters vom 16. zum 19. Jahrhundert (Stoffe und Motive)«, Berlin 1918/19, das aus den Ansätzen meiner bedeutend erweiterten Dissertation hervorging.

Auf Grund dieser und einiger weiterer kleinerer Veröffentlichungen wurde ich nach dem Tode von Prof. Dr. J. E. Wackernell im April 1922 auf Vorschlag der Philosophischen Fakultät der Universität Innsbruck zum ordentlichen Professor für Deutsche Sprache und Literatur an der Universität Innsbruck berufen und vom Ministerium ernannt.

Da mir die Vorbereitungszeit als Privatdozent versagt geblieben war, war mit der Übernahme dieser Lehrkanzel für mich eine Unsumme von Arbeit verbunden, so daß ich in den ersten Jahren zu keinen größeren Veröffentlichungen kam. Meine damaligen Arbeiten beschäftigen sich mit dem Wiener Volkstheater, mit Franz Grillparzer und mit dem deutschen Schicksalsdrama, über das ich 1922 meine Innsbrucker Antrittsvorlesung hielt. Durch meinen neuen Dienstort wurde ich auf die Tiroler Literatur verwiesen, mit der ich mich in mehreren Publikationen befaßte. Auch sind über Tiroler Literatur unter meiner Leitung eine ganze Reihe von – natürlich ungedruckten – Dissertationen erwachsen. Von Anfang an war mein Bestreben, Tiroler Literaturgeschichtsforschung aus den parteipolitischen Fesseln, die man ihr, dem Zeitgeist gemäß, angelegt hatte, zu befreien und sie auf rein wissenschaftliche Grundlage zu stellen, wofür ich in meinem Beitrag zur »Festschrift August Sauer«, Stuttgart 1925, die Grundlinien gezogen hatte. Dieses Ziel glaube ich, obwohl es nicht sogleich verstanden wurde, im Lauf meiner Tätigkeit in Innsbruck schließlich erreicht zu haben. Später wendete ich mich besonders Adalbert Stifter zu, dessen Verehrung in den Jahren nach dem Ersten Weltkrieg bereits eine Fülle von Schriften hervorgerufen hatte, die aber vielfach an der Unkenntnis der Grundlagen litten, die zu geben ich mich nun in einer Reihe von Darstellungen, Untersuchungen und Ausgaben bemühte. Daneben stand das Interesse für die gesamte österreichische Literatur immer im Vordergrund, weswegen die übrige deutsche Literaturgeschichte natürlich nicht vernachlässigt wurde. So pflegte ich in meinen Arbeiten auch Dichtungen der klassischen Zeit, besonders Goethes, zu berücksichtigen.

Die damals sehr beschränkten Bibliotheksverhältnisse in Innsbruck brachten es mit sich, daß ich meine Ferien meistens in Wien zu Studienaufenthalten benützen mußte, wofür ich aber die Kosten immer selbst zu tragen hatte, da ich nie einen Studienurlaub in Anspruch nahm, zumal ich als einziger Fachvertreter das damals nicht hätte verantworten können. Aber anders wäre ein wissenschaftlicher Betrieb, der sich einigermaßen auf der Höhe der Zeit halten wollte, in Innsbruck nicht möglich gewesen. Denn oft war die Anschaffung auch nur der wichtigsten Neuerscheinungen wegen der geringen verfügbaren Mittel nicht möglich.

Im Jahre 1933 heiratete ich die Tochter eines Wiener Industriellen, Leopoldine Hofmeister. 1934 wurde uns eine Tochter Friederike geboren.

1929/30 und 1935/36 war ich Dekan der Philosophischen Fakultät der Universität Innsbruck, 1952/53 bis 1954 Senator.

Mit 1. Juli 1954 wurde ich auf die ordentliche Lehrkanzel für Österreichische Literaturgeschichte und Allgemeine Literaturwissenschaft der Universität Wien ernannt, auf die ich »primo et unico loco« von der Philosophischen Fakultät vorgeschlagen worden war. Meine Wiener Lehrtätigkeit eröffnete ich mit der – ungedruckten – Antrittsvorlesung »Die Entfaltung des Tragischen im österreichischen Drama bis Franz Grillparzer«.

Die Österreichische Akademie der Wissenschaften wählte mich 1951 zum Korrespondenten, 1963 zum wirklichen Mitglied. – 1963 trat ich nach Absolvierung des Ehrenjahres in den Ruhestand und widmete mich seither ungestört meiner wissenschaftlichen Arbeit.

*

Moriz Enzinger starb am 4. Oktober 1975. Ein Jahr zuvor – er stand damals knapp vor der Vollendung seines 84. Lebensjahres – verlieh ihm das Land Oberösterreich den Johannes-Kepler-Preis, die höchste Auszeichnung dieses Bundeslandes für Wissenschafter. Der inzwischen ebenfalls verstorbene Leiter des Adalbert-Stifter-Institutes des Landes Oberösterreich in Linz, Dr. Alois Großschopf, sagte damals in seiner Laudatio:

»Es ist bekannt, daß Professor Enzinger niemals einer literarischen Richtung angehört hat. Er war kein Blender hinter dem Katheder. Das billige, dem Augenblick verhaftete Wort ist ihm fremd. Sein ganzes wissenschaftliches Streben steht im Dienste der Wahrheit. Seine wissenschaftlichen Erkenntnisse sind Fundamente, auf denen jeder weiterbauen kann. Enzinger schreibt keinen Satz, den er nicht beweisen kann. Er sieht die Geschichte als dauernden Zusammenhang ohne Bruch, Dienst an der Wahrheit ist ihm unverrückbares Gesetz, Ehrfurcht vor den Werken, die er wissenschaftlich durchforscht, erfüllt ihn. Das hat auch seiner wissenschaftlichen Darstellung die phrasenlose, aber kraftvolle Schlichtheit gegeben.

Das Bild des Gelehrten ist erst vollständig, wenn auch der Lehrer Moriz Enzinger in der Zweisamkeit von Lehre und Forschung mit einbezogen wird. Enzinger war vier Jahrzehnte lang Ordinarius und hat als solcher Generationen von Germanisten herangebildet. Als Lehrer verlangte er viel von seinen Schülern. Das konnte er nur deshalb, weil er ihnen viel gegeben hat. Sein Ethos als Pädagoge möchte ich mit einem Ausspruch aus seinem Munde beweisen. Es war an der Grabstätte von Stifters Lieblingslehrer P. Placidus Hall in Pfarrkirchen anläßlich des ersten Adalbert-Stifter-Symposiums im Jahre 1968. In seiner Rede sagte Prof. Enzinger damals unter anderem: ‚Es ist für einen Schüler eine große Gnade, einen genialen Lehrer gehabt zu haben, es ist aber auch für einen Lehrer eine große Gnade, einen genialen Schüler zu haben.'

Daß Moriz Enzinger die Früchte seiner Saat reifen sehen darf und seine Schüler in Ehrfurcht und Liebe seiner gedenken, mag die heutige Ehrung zu einem besonderen Freudentag werden lassen.«

Univ.-Prof. Dr. Moriz Enzinger, Literaturhistoriker
Foto: Richard Müller, Innsbruck

Steyr im Winter – Aquarell von Moriz Enzinger

Bildnis einer Unbekannten – Zeichnung von Moriz Enzinger

Die drei Grazien, 1924 – Scherenschnitt von Moriz Enzinger

Salome, 1924 – Scherenschnitt von Moriz Enzinger

Der Tod und das Mädchen, 1925 – Scherenschnitt von Moriz Enzinger

Morgentoilette, 1926 – Scherenschnitt von Moriz Enzinger

Bacchantischer Jubel, 1924 – Scherenschnitt von Moriz Enzinger

Totentanz, 1925 – Scherenschnitt von Moriz Enzinger

II

Die Freundschaft
Michael Blümelhuber – Moriz Enzinger

In einem Aufsatz über die künstlerischen Stahlschnittarbeiten Michael Blümelhubers, der 1922 in der Leipziger »Gartenlaube« erschien, streift sein Autor Karl Junker auch dessen schriftstellerischen Werke, er schreibt da: »Michael Blümelhuber, ein durch und durch idealistisch angelegter, nationalfühlender Mann, dem Schönheit, Kunst, reine Menschlichkeit und allgemeine Menschenliebe das Höchste auf der Welt bedeuten, litt seelisch furchtbar unter dem Ausbruch und Verlauf des Weltkrieges, zumal er Gelegenheit hatte, an verschiedenen Stellen der Fronten die Schrecken und Greuel des Kampfes selbst zu beobachten. Diese gewaltigen Erlebnisse wirkten auf ihn befruchtend und gaben ihm Ideen zu seiner Erstlingsdichtung ein. Während des Weltkrieges schrieb er noch ein langes Epos, das, reich an Gedanken, in verhältnismäßig kurzer Zeit eine zweite Auflage erlebte. (Weltenwende – Stimmungen, Visionen und Wirklichkeit. Eindrücke aus dem Weltkrieg. Wien 1916.) Die zweite Auflage (1918) erschien mit einem Geleitband ‚Bekenntnisse eines Briefwechsels'. Das Werk ist in einer ganz freien Form gedichtet, besser gesagt formlos und gehört nach Adam Müller-Guttenbrunns Ausspruch ‚zu den Büchern, die dreimal gelesen sein wollen, ehe sie sich uns ergeben'. Der berechtigte Vorwurf völligen Mangels dichterischer Form in seiner ersten Dichtung ging dem Meister zwar nicht allzu nahe, aber mit der ihm innewohnenden zähen Energie warf er sich doch bald darauf auf das Studium der Metrik, und das jüngste Kind seiner Muse, ‚Walhall in Brand', Aufgesänge aus deutscher Not und neue deutsche Weihelieder, zu dem ihm Deutschlands Not die Feder in die Hand drückte, zeigte auch von voller Beherrschung des Versmaßes. Blümelhuber ist reiner Idealist, ein edler Vorkämpfer des unberührt Geistigen, ein Künder deutscher Art und deutscher Gemütskraft. Aber er ist nicht einer jener Idealisten, die sich in der Wirklichkeit nicht zurechtfinden und die Dinge nur durch die blaue Brille sehen mögen. Die Tatsache, daß er sich mit so vielen Dingen, wie dem Valutaproblem, in der letzten Zeit nachhaltig beschäftigt und seine Ideen in der Öffentlichkeit durchzusetzen sucht, beweist, wie fest sein Geistesgebäude auf starken Füßen steht.« – Soweit Junker.

Als Michael Blümelhuber seinen ersten Band »Weltenwende« herausgab, war er einundsechzig Jahre alt, also ein älterer Mann, der auf seinem eigentlichen Gebiet bewiesen hatte, daß er ein Einsamer war, ein Künstler mit eigenwilligen Gedanken, die er sogar im harten Stahl auszudrücken verstand. Wer diese Verse und auch die aus dem dritten Band »Jung Faust an die Menschheit« (1932) liest, muß bedenken, daß die Zeit, in der sie entstanden sind, auch andere Zeitgenossen zu ähnlichen Gedichten oder gedankenähnlicher Prosa veranlaßt haben, denen man eine nationalistische Anschauung nachweisen kann, so zum Beispiel Thomas Mann in seinen »Betrachtungen eines Unpolitischen«. In ihrer »Einleitung« zu der Neuauflage des Bandes nach achtunddreißig Jahren, also im Jahre 1956, heißt es, daß »das Buch historisch« geworden sei. Dasselbe könnte für die beiden ersten Bände Blümelhubers gesagt werden. Man muß alle Schriftsteller in bezug auf außergewöhnliche politische Geschehnisse, und ein Krieg ist immer eine solche politische Auseinandersetzung, gleich behandeln. Und so kann für Blümelhuber auch gelten, was Erika Mann von den »Betrachtungen eines Unpolitischen« ihres Vaters weiter sagt: daß sein Buch charakterisch für eine Phase in der Entwicklung des Autors ist. Dazu kommt, daß Blümelhuber als Schriftsteller anders als Thomas Mann beurteilt werden muß. Daß er 1918 für den Anschluß Österreichs an Deutschland war, kann nicht wundern. Waren es doch fast alle Österreicher. (Die völlig andere Situation nach dem Zweiten Weltkrieg und die Einstellung der Österreicher gegen einen solchen Anschluß beziehen sich genauso aufeinander.)

Moriz Enzinger war 1921, da Michael Blümelhuber seine Aufgesänge aus deutscher Not und neue deutsche Weihelieder »Walhall in Brand« veröffentlichte, neunundzwanzig Jahre alt. Mit Steyr durch seine Eltern verbunden, wußte er gewiß von dem Stahlschnittkünstler, vielleicht kannte er ihn sogar schon persönlich. Das läßt die handschriftliche Widmung Blümelhubers in diesem Buch vermuten. In der markanten Schrift des Meisters steht da auf der Innenseite des broschierten Exemplars: »Herrn Universitätsprofessor Dr. Moriz Enzinger in aufrichtigem Sympathisieren. Möchte es der Neugermanistik gelingen, das deutsche Volk wieder mehr mit seinen Dichtern und mit hoch zielenden Büchern zusammenzuführen. Denn was not tut wäre eine Erneuerung des Weltbildes mehr in der Richtung nach dem Musenlande hin. Michel Blümelhuber. Steyr, 18. Juni 1922.« (Um diese Zeit nannte sich Blümelhuber mit Vornamen noch Michel.)

Es liegt aus der Feder von Moriz Enzinger eine umfangreiche Besprechung in Form eines Schreibmaschinenskriptes vor, das nirgends in den verschiedenen Schriftenverzeichnissen Enzingers zu finden ist. Wahrscheinlich hat sein Verfasser es nicht publiziert. Wie immer bei Enzinger, so hat auch diese literarische Arbeit alle Vorzüge ihres Autors im Hinblick auf eine klare kritische Einstellung gegenüber den beiden Gedichtbänden, freilich nicht ohne ein gewisses Wohlwollen, wie es allgemeine persönliche Verbindungen stets schaffen. (Auch das kennen wir beispielsweise von Thomas Mann.) Daß heute das Positive herauszustellen in der literarischen Kritik verpönt ist, will nichts gegen eine Methode sagen, die sich an wissenschaftliche Praktiken hält. Auch bei ihr ist eine *entsprechende* Kritik nicht ausgeschlossen.

Was hat nun Moriz Enzinger über Blümelhubers »Weltenwende« und »Walhall in Brand« zu bemerken gehabt? Dieses:

»Daß sich Künstler auch theoretisch mit Fragen der Kunst befassen, daß sie sich über Dinge des Geschmacks vernehmen lassen, ist nichts Außergewöhnliches. Auch der Stahlschnittmeister Michel Blümelhuber hat zahlreiche Aufsätze über künstlerische Fragen geschrieben, hat über seine eigenste Kunst manche Aufklärung gegeben und hat bei heimatkundlichen Angelegenheiten in seiner Stellung als Konservator, oft angefeindet und verlacht, dennoch entscheidende Erfolge erzielt. Das alles fällt noch nicht aus dem Rahmen, den wir uns um das Bild des schaffenden Künstlers gezogen denken. Aber Michel Blümelhuber ist auch als Dichter hervorgetreten, das heißt mit schriftstellerischen Werken, die nicht zweckbestimmt waren und keiner wissenschaftlichen Klärung dienten. Daß auch *das* sich gelegentlich findet, erhärtet aus einem Hinweis auf Goethe, Gottfried Keller, Adalbert Stifter, die in Poesie und Malerei tätig waren, und auch Richard Wagner, der, von Kleineren zu schweigen, Text und Musik seiner Werke schuf und so erst zum Musikdrama seiner Prägung vorstoßen konnte. Die Verwendung mehrerer Künste kann wie bei Wagner zur gegenseitigen Stütze und Stärke benutzt werden, sie kann aber auch wie bei Goethe und Stifter scheinbar nebeneinander hergehen, ohne in der Vermengung einen neuen Kunsttypus zu schaffen. So ist es auch bei Michel Blümelhuber. Das ist beim Schaffen eines Plastikers schon äußerlich bedingt. Aber warum überhaupt zwei Kunstgebiete? Die Frage heischt eine individuelle und eine prinzipielle Beantwortung. Die individuelle ergibt sich aus der Individualität des Künstlers. Die prinzipielle aber zieht Weiterungen nach sich. Jede Kunst arbeitet mit Symbolen. Der geformte Stahl ist eben nicht mehr der bloße Stahl, sondern stellt etwas anders dar, was der, dem künstlerisches Sehen völlig fehlt, nicht bemerkt. Und der dargestellte Gegenstand hat wieder tiefere Bedeutung. Ein Kind, das eine zersprungene Kugel zusammenpreßt, wird zum Genius der Menschheit, der heilend und tröstend über der Welt thront und ihre Qualen lindert. Die Kunst stellt so im Einzelfall das Allgemeine dar. Auch die Dichtkunst. Da ist der seelische Vorgang, den sie in uns erzeugt, in symbolische Atmosphäre getaucht, das einzelne Wort sogar erhält in der Dichtung einen anderen Glanz und Gefühlsgehalt als in der Sprache der Prosa. Sprache der Dichtung dient nicht mehr zur verstandesmäßigen Überlieferung der Gedanken, sondern zur gefühlsmäßigen Erregung. So bekommt auch der gegenständliche Vorgang einen tieferen Sinn. Doch das kann hier nur gestreift werden. Dennoch ist die Dichtkunst durch ihr Material, die Sprache, dem Gedanklich-Geistigen stärker verpflichtet als die bildenden Künste mit ihren materiellen Substraten. Will nun ein Künstler bestimmte Ideen deutlicher ausdrücken, als ihm dies im Material der bildenden Künste möglich ist, so greift er zur Dichtung. Und darin liegt auch Blümelhubers Vorgehen begründet.

Was will nun Blümelhuber mit seinen Dichtungen? Zunächst nicht mehr und nicht weniger als jeder andere Dichter: Kunstwerke schaffen. Instinktiv aber findet er den für ihn fruchtbaren Weg heraus, indem er den Nachdruck auf die Ideen legt. Fast alle seine Dichtungen sind in diesem Sinne Gedankendichtungen, ein kleines sangbares Lied, ein lyrisches Stimmungsbild hat seinen Schreibtisch noch nie verlassen. Die Darstellung von Ideen hat in der Dichtung aber zumeist einen Zweck, eine Tendenz (nicht im üblen und üblichen Sinn des Wortes), Aufmunterung, Aufstachelung, Ansporn zum Nachdenken, letzten Endes: Werbung. Und so scheint sich Blümelhubers dichterisches Schaffen nun zu klären als unmittelbare Aussprache dessen, was ihn bewegt, Verdeutlichung seiner Ideen, die die Stahlschnittwerke nur verhüllt künden können. Er wird zum Propheten, zum Mahner und Warner. Oder sollte es Zufall sein, daß die ‚Weltenwende' zwischen ‚Evangelium' und ‚Menschheitszukunft' fällt? Wie ‚Evangelium' eine Verneinung des völkermordenden Krieges ist, den Traum der edelsten Menschheit von einem ewigen Frieden mitten im Gelärm der Kriegsrüstungen symbolisiert, so endet die ‚Weltenwende' mit dem deutlichen

Hinweis auf die bildnerische Verwertung der Eindrücke des furchtbarsten Krieges, mit der Überbrückung von Haß, Neid und Rachsucht, die dem bildenden Künstler dann in ‚Menschheitszukunft' gelingt. Ein Lebenswerk (ein Werk, an das man mehr als zwölf Jahre setzt, kann man wohl so nennen, auch wenn es nicht noch durch die reifste Erfassung und Gestaltung alle tragenden Ideen konzentrierte), ein Lebenswerk wie der ‚Linzer Domschlüssel' bietet Anlaß, im ‚Schlüsselkampf' in legendarischer Form nicht nur den Kampf um Werk und Leistung, sondern auch eine Rückschau auf das eigene Leben anzubringen. Und wie eng steht der ‚Baum der Erkenntnis' mit dem ‚Weisen von Zion' in Zusammenhang! Das höllisch Gold, die Frage nach Schicksal und Aufgabe der Juden im Weltplan, die Überwindung des Materialismus, all das kommt in beiden Werken zum Ausdruck.

Tragend ist in allen Werken Blümelhubers die Idee. Als echtem Künstler ist ihm nicht das Wissen, sondern der Glaube, das Vertrauen auf die Sendung das Bewegende, hüllt er nun diesen Glauben in Formen der christlichen Religion (Weltenwende) oder in mythisches Gewand (der Weise von Zion mit Anlehnung an die Faustsage, Faust der Zweite und Mephistopheles), wie auch in den Stahlschnittwerken (Domschlüssel, Menschheitszukunft: Das Kind mit dem Beethovenkopf und den Wundmalen des Christusknaben). Nicht Gewinn materieller Güter, nicht Beherrschung des Weltmarktes, der Länder und Meere durch Flotten und Heere, sondern Erhabenheit des reinen Menschen, nicht der Teufel der Ichsucht und der Geldgier, sondern die Liebe zu allem Geschaffenen und die Gottesnähe, das Bewußtsein, in der Hand des Höheren zu stehen, nicht Menscheitsversklavung, sondern Menschheitserlösung sind seine Ziele. Darum auch hat sein Gott nur Züge des Guten, das Schlimme, das Übel ist nicht von Gott, sondern von seinem Widersacher, der auch heute noch durch die Welt streift und Menschen verwirrt und verführt. Als echter Deutscher ist Blümelhuber von Idealismus beseelt und macht gegen alle Verwässerung und Materialisierung Front. Der Geist ist Herrscher, das Geistige muß überall vor dem Materiellen stehen. So ist ihm auch die Judenfrage ein wenigstens theoretisch gelöstes Problem. Das auserwählte Volk faßt er als Sauerteig für die übrige Welt auf, ein Element, das immer wieder aufstachelt und anspornt, ein Element, das in seiner Ruhelosigkeit (Ahasver!) auch andere nicht zur Ruhe kommen läßt, das aber in seiner materialistischen Einstellung wohl Einfluß gewinnen kann, aber geistig nicht zur Führerschaft berufen ist, solange es sich nicht gänzlich umstellt. Wesentlich christliche Gedanken treffen wir in diesem Zusammenhange. Hier ist ein Künstler, dem das Christentum in seiner Offenbarung noch einen starken Antrieb zur Gestaltung verleiht (was selbstverständlich mit politischparteilicher Tendenz nichts zu tun hat, so wenig wie die Aufrollung der Judenfrage mit billigem Antisemitismus).

Das Vorherrschen der Idee bestimmte die Form des ersten Werkes, der ‚Weltenwende'. Eine visionäre Dichtung mit mythischen Elementen, schafft sie die geniale Konzeption von Mensch Luzifer, jenem Typus des übermütigen, gottfremden Menschen, der dem Höllenfürsten mit Leib und Seele verschrieben. Einzelne überlebensgroße Freskobilder rollen vor unseren Augen ab, Grauen und Not umfängt uns, bis im letzten Gesang dann mildes Licht durch die Nacht bricht. In der Art erinnert die Dichtung von fern an Dante und Milton, sie steht in ihrer grandios-mythischen Auftürmung nicht allein da in der Zeit, die Spittelers ‚Olympischen Frühling'. Däublers ‚Nordlicht' und Momberts ‚Aeon' hervorgebracht hat, so grundverschieden es von diesen ist. Eine gewisse Zeitlosigkeit, ein Abrücken von Realistik, eine Steigerung ins Überweltlich-Mythische ist das Bindeglied. Keine Handlung im eigentlichen Sinne, im Grunde eine Aussprache des innersten Selbsts in symbolischen Bildern, die kaum Eigenbedeutung beanspruchen dürfen. In der lockeren Komposition, dem schweren ringenden Tonfall, der oft gedanklich überfrachteten Versblöcke, die allen regelrechten Rhythmus und glatten Fluß vermissen lassen, die unbedenklich sich über metrische Gesetze hinwegbäumen, die oft dilettantisch anmuten, dann aber doch wieder zum Aufhorchen zwingen, in all dem erinnert es an einen Torso der Plastik, dem man die Idee des Künstlers abliest, obwohl sie nicht ganz aus dem Stein erlöst wurde. Etwas Michangeleskes brütet in diesen Wortquadern, in diesem Dämmerlicht der Urweltfernen, auch wenn man nicht an die Sibyllen und an die Sklavenrümpfe des Juliusgrabes denkt. Wie beim echten Plastiker spielt auch bei Blümelhuber die Natur eine untergeordnete Rolle. Sie ist nur Szene, Staffage. Dafür die Gestalten: wenige, scharf profiliert, mit Meißelhieben wuchtig geformt, wie es der Plastiker liebt. Fehlt so dem Ganzen vielleicht das Letzte, was es zu einem reinen Kunstwerk machen könnte, so ist doch der Wurf so groß, daß er Beachtung verdient, freilich auch zu groß, als daß das Buch jemals in weite Kreise dringen könnte.

Die Gedichtsammlung ‚Walhall in Brand' hat in der Formgebung manches voraus. Glatte Verse, eingängige Strophe. (wenngleich gelegentlich noch zu starke Kürzung des Ausdrucks die Lektüre erschwert, aber das trifft ja auch bei anderen zu), bekannte Rhythmen, die zum Vorbild wurden. Die lyrische Form der hymnischen Dichtung gestattet eine unmittelbarere Aussprache der Gedanken, eine Formung, die leichter ins Gehör geht und rascher befeuernd das Herz trifft. Die Widmung an die Manen der Freiheitssänger Arndt, Eichendorff, Rückert, Körner kennzeichnet das Büchlein am besten. Das Pathetisch-Erhabene, das Hinreißend-Werbende, das Aufmunternd-Mahnende steht bei ihnen im Vordergrunde. Wieder sind es Gedanken, Ideen, Reflexionen, Betrachtungen, aber oft im glücklichen Gewande des sangbaren Liedes, wenigstens was die äußere Strophenform anlangt. Diese war ja das Neue. Das barg nun freilich gelegentlich die Gefahr der Verflachung in sich. Denn – und damit ist ein Problem berührt, das für die Zukunft noch wichtig werden wird – der Dilettant ist zufrieden mit der Glätte der Form, ihm ist die Sprache gegebenes Gut, das er nicht neuschaffend belebt. Ihm ist die Form eine Schale, in die er die Dinge gießt, etwas Vorbereitetes, nichts eigen Gewachsenes. Wort und Gedanke vermählen sich nicht. Wort wird nicht Leib, sondern bleibt zufälliges Kleid des Gedankens. Ganz ist auch Blümelhuber diesen Gefahren nicht entgangen. Bedeutet so ‚Walhall in Brand' in formaler Beziehung, in der Beherrschung der Versregeln, in Handhabung des Reimes einen Fortschritt, so ist doch in künstlerischer Hinsicht, so sonderbar das klingen mag, ‚Weltenwende' höher zu stellen. Das brachte freilich zum Teil das Thema mit sich. Wenn aber Blümelhuber seine formalen Fertigkeiten einmal mit der Tiefe der Konzeption verschmelzen wird, nicht in leichtem Gesange, sondern in wuchtiger Dichtung, so wird er zu seiner Höhe steigen. Unveröffentlichte Dichtungen, über die hier nichts verraten werden soll, wie ‚Der Weise von Zion', ‚Der Schlüsselkampf', lassen solches wenigstens ahnen. Und vielleicht kommen auch noch andere Pläne zur Ausführung, mit denen sich der Meister trägt. Immer aber scheint seine Stärke im Gedanklichen und nicht im Gefühlsmäßigen zu liegen.

Es ist nur folgerichtig, daß sich Blümelhuber, von seinen Grundideen ausgehend, in letzter Zeit auch rein schriftstellerisch betätigt hat, so mit einer Flugschrift, die die Lage des Meister-Ateliers in Steyr betrifft, und eine andere: ‚Politik oder Kultur', die schwerwiegende Fragen des öffentlichen Lebens in Österreich beleuchtet. Immer geht er dabei auf weite Zusammenhänge aus und begnügt sich nicht mit den zufälligen Erscheinungsformen.

Als Mann, der trotz seiner sechzig Jahre noch rastlos tätig ist, der mitten im Leben steht, obwohl er einsam auf einem Hügel zu Steyr haust, als Mensch, der die Augen offen hält und sich das Herz rein bewahrt hat, wird uns Blümelhuber, so hoffen wir, noch manches in Werk und Schrift bescheren. Denn immer wieder erklingt ihm die innere Stimme des Künstlers: ‚Schaff draus ein Werk!' Ein Warner vor dem Versinken ins Materielle, als Rufer des Geistes steht er da, aufrecht, den Hammer in der Faust, gewappnet, ein Michael unserer Zeit.

Das eine aber wird aus dem Gesagten hoffentlich klar geworden sein: Es geht nicht an, den Dichter Blümelhuber von dem bildenden Künstler zu trennen und den einen gegen den andern auszuspielen. Denn beide bilden eine Lebenseinheit, die von denselben Ideen getragen wird, von denselben Quellen gespeist ist und demselben Ziele dient: Wegweiser zum Ewigen zu sein. Mögen auch den Dichtungen noch Unzulänglichkeiten anhaften, mag man die Stahlschnittwerke künstlerisch in ihrer feindurchgebildeten Technik höher stellen, so erläutert doch im Grunde die Dichtung das plastische Werk und umgekehrt. Und wenn man einmal zu dieser Überzeugung vorgedrungen ist, wird man keine Zeile Blümelhubers missen wollen.«

Da Moriz Enzinger bereits einige spätere Werke Michael Blümelhubers in dieser wissenschaftlichen Analyse von »Weltenwende« und »Walhall in Brand« nennt, dürfte sich eine nähere Bekanntschaft zwischen beiden, dem Plastiker und Dichter und dem Wissenschafter, angebahnt haben. Oder der Aufsatz Enzingers, der ja keine gewöhnliche Besprechung der beiden Gedichtbände ist, sondern, wir würden heute sagen, ein Essay über Blümelhuber als Dichter, sei schon eine Vorarbeit für den Beitrag Enzingers in einem Buch über Michael Blümelhuber, das dann aber in der Planung stecken blieb. In einem Brief vom 10. Juni 1927 schreibt der Stahlschnittmeister an Moriz Enzinger:

Verehrter Kunstfreund!
Sie wären vielleicht zu Pfingsten ohnehin in Steyr gewesen.
Heute soll ich Sie in einer ganz neuen Sache fragen, ob Sie bereit wären mit zu tun.

Beim Bundes-Verlag ist die Herausgabe eines neuen Blümelhuber Buches endgiltig perfekt geworden; nicht eines von mir, sondern eines über mich, das zum ersten Mal dem Begründer des neuen Kunstzweiges *und* dem Schriftsteller ungetrennt gerecht werden will.

Als Verfasser ist mein Biograph Professor Rudolf Sterlike gewonnen worden. Nun möchte er aber als Kunsthistoriker nicht zu weit ins Literarische greifen und beabsichtigte ursprünglich sich mit Dr. Kindermann zusammenzutun, was durch dessen Berufung nach Danzig unmöglich geworden ist, weil er auch seine Absicht nach Steyr zu kommen nicht mehr ausführen konnte. Er wird nun auch, fern vom Bundes-Verlag, mit der Literatur-Enzyklopädie gerade genug zugedeckt sein; 150 Bände!

Das Blümelhuber Buch soll ein Band der Kunst-Bücher-Folge werden, also samt vielen Illustrationen unter 100 Seiten.

Eine Inhaltsfolge liegt bei. Danach kommen, wenn man so sagen will, 14 Kapitel; und ich soll Sie fragen, ob Sie bereit wären, das Kapitel 5 zu übernehmen? »Blümelhuber als Schriftsteller«.

Alle Kapitel sollen sich innerhalb des Umfanges eines Feuilletons halten und einmal gezeigt werden, wieviel mit Kürze gesagt und erzielt werden kann. – Die Einbandzeichnung hat einer der namhaftesten österreichischen Maler übernommen.

Kapitel 2 habe ich selbst zu schreiben und wenn Sie Kapitel 5 übernehmen, hat Prof. Sterlike alle übrigen zusammenzutragen.

Ich bitte Sie, mir bald Bescheid zu sagen, zunächst prinzipiell. *Ihr Beitrag wäre spätestens gleich zu Anfang der Ferien erwünscht*, weil das Buch sehr forciert wird, über den Sommer verlegerisch und im Druck zustandekommen und als eines der frühesten für den Weihnachtsbuchmarkt bereit liegen soll.

Im Besitz Ihrer prinzipiellen Äußerung würde ich Sie dann mit dem bis 20. Juni in Gastein weilenden Prof. Sterlike bekannt machen.

In herzlichster Hochschätzung   Ihr Blümelhuber

Steyr, 10. Juni 1927

Im »Neuen Reich« Nr. 34 war eine Aufzählung neuösterreichischer Dichter enthalten; war sie von Ihnen? Das internationale Friedenskartell überraschte mich heute mit seinen Werbe-Verschlußmarken.
1 Beilage.

Die Beilage ist der Aufriß des geplanten Buches:

Das Blümelhuber Buch – Inhaltsfolge:

1. Wer ist Michel Blümelhuber? (Wie ich zu ihm kam. Von seiner Kunst.)
2. Was Meister Blümelhuber von seinen Werken erzählt.
3. Was Menschen von Namen und was neu Emporkommende über Blümelhubers Schaffen und Wirken sagen (Äußerungen von Oswald Redlich, Ludwig Fulda, Adam Müller-Guttenbrunn, Franz Keim, Enrica von Handel-Mazzetti, Ottokar Kernstock und viele andere).
4. Blümelhuber und der Boden von Steyr.
5. Blümelhuber als Schriftsteller.
6. Aus der »Weltenwende«. (Von dem »Weltenwende«-Forscher Prof. Wilhelm Bernauer in Karlsbad ausgewählte und verbundene Zitate. Ihr Kapitel 5 wäre aber von Kapitel 6 ganz unabhängig.)
7. Aus »Walhall in Brand« und aus noch ungedruckten Dichtungen.
8. Blümelhuber als Heimatschützer.
9. Heimat und Fremde.
10. Große Erfolge in jüngster Zeit.
11. Vom Meister-Atelier zur OÖ. Landeskunstschule für Stahlschnitt und die Mitwirkung des Bundes sowie der Stadt Steyr.
12. Der Meister und seine Kunstjünger.
13. Aus Briefen des Meisters.
14. Schlußwort.

Der nächste Brief Blümelhubers stammt vom 1. Juli 1927:

Verehrter lieber Freund!

Schelten Sie mich nur alle, die daran mitschuldig sind, doch recht aus, daß ich auf einen Brief, der Dankesschuld auf mein Haupt *häuft* und Fragen enthält, die längst beantwortet sein sollten, auf einen so wichtigen Brief vom 14. Juni, erst heute 1. Juli! antworte. Schuld: *Höchste* Inanspruchnahme, Termine, usw.

Innigen Dank voraus! Und nun der Kürze und Klarheit wegen, punktweise die Antworten:

1. Terminqualen würde ich am liebsten ferne halten. Aber ich habe nach dem 15. Juli in Wien zu tun und komme mit Prof. Sterlike (Adresse: Professor Rudolf Sterlike, Wien XII., Rotenmühlgasse 9, III. Stock, Tür 16)

zusammen; werde ihm zu diesem Zeitpunkte alles übergeben, was von meiner Seite vorzubereiten und zusammenzutragen ist. Wenn *ich* bis dahin Ihr Manuskript womöglich schon in Maschinschrift mitnehmen könnte, wäre das ein Glücksfall. Prof. Sterlike soll nämlich womöglich Anfang August die ganzen Arbeiten abschließen, damit das Buch vor dem Herbst noch gedruckt wird und für den Weihnachtsbüchermarkt sehr früh fertig vorliegt.

2. Für das Format lege ich ein Blatt der Kunstbücherfolge des Bundes Verlages bei. Bitte nehmen Sie für Ihren Beitrag an, daß er etwa 4 Seiten im angemerkten größeren bis höchstens im kleineren Satz ausmacht. Also gewiß die größte Kürze, die man sich denken kann.

3. Ich werde sorgen, daß die Korrekturen *Ihnen* zugehen. Und meine Ihnen wertvolle Zustimmung werde ich ja schon vor Druck geben können.

4. Warum ich nach der Ausreise Dr. Kindermanns gerade auf Sie verfallen bin? Geradezu mit Selbstverständlichkeit! Bei Ihnen habe ich ja *nicht erst jetzt*, sondern schon sehr früh jenem prachtvollen Verstehenden der innersten Regungen begegnen können, auf die es doch ankommt. Darum hoffe ich von Ihnen auch verstanden zu werden, wie noch von niemandem bisher. In diesem Buche erlebe ich ja zum ersten Mal, daß nicht noch mehr oder weniger der Künstler gegen den Dichter ausgespielt wird, was schon recht intelligenten Menschen passiert ist, z. B. Dr. Funder, der doch sonst dem Unwägbaren nicht so ferne stünde, aber doch noch in das Schachtelsystem verfiel: Künstler *oder* Dichter? Er lobt sich immer den einzig dastehenden Künstler und sagte zu Freunden, »wenn er nur nicht dichten würde!«

Daß aber meine Stahlentwürfe Dichtungen und meine Dichtungen Hammerschläge sind und sein müssen, das hat noch niemand niedergeschrieben. – Es wäre wunderschön, wenn Sie dazu sich berufen fühlten. Vielleicht kommt einmal eine Zeit, da »Domschlüssel« und »Schlüsselkampf« nicht mehr zu trennen sind, das Werk *und* die »Dichtung«.

Meine tragenden Ideen, wie Sie sagen, werden wohl in keinem der Kapitel so plastisch und zusammenhängend herausgearbeitet werden können, wie in dem Ihrigen: Künstler und Dichter kann man ja nicht *werden*; man muß dazu geboren sein. Dann handelt es sich um die Kraft, von keiner der vielen Unebenheiten und Stürmen des realen Lebens vom Entwicklungswege abgedrängt zu werden, zum Beispiel der Weg zum Maler und Bildhauer im herkömmlichen Sinne war verrammelt; ich wurde zum Stahl, also zu einem Material verschlagen, welches mit seiner Schwere und Unzugänglichkeit die angeborene Veranlagung hätte erdrücken können. Oft genügt ja dazu schon ein Zwang zum kaufmännischen Beruf. Vielleicht war es noch mehr als die Künstler-, die Dichternatur, welche die Kraft hergab, auch dieses schwere Material als jüngsten Werkstoff der Künste zu durchseelen und in manchen Werken gerade dank seiner Festigkeit noch in zartesten Formen, bis zur Entmaterialisierung zu steigern. Dafür spricht auch die Art des Zustandekommens der Entwürfe, die niemals spekulieren, sondern immer inspirativer Natur sind. Kunst und Poesie sind da einmal nicht bloß untrennbar verwandt, sondern überhaupt eine Einheit, sonst hätte es niemals zum »Evangelium«, zur »Menschheitszukunft«, zum »Domschlüssel«, zum »Stahlkreuz« kommen können.

Ebenso klar ist wohl, daß es da bei dem äußeren Anstoß des Weltkriegsausbruches zum Entstehen der »Weltenwende« kommen mußte; denn die machtvolle Inspiration, welche da ein ausdrucksvolles Inneres suchte und erfüllte, mußte Gestalt annehmen. Das erklärt auch die noch zyklopische Form; vielleicht war sie notwendig, *um aus der Art zu schlagen*, neue Wege einer neuen Zeit aufzureißen, *wenn auch das heutige Geschlecht noch nicht hinfände*. »Walhall in Brand«, »Evangelium«, »Menschheitszukunft«, »Domschlüssel« und »Schlüsselkampf« und die anderen Werke wollen *treue Weiser* nach jenen Wegen und Zukunftspforten sein.

Jüngst begegnete ich Ihrem sehr lieben Väterlein und hörte, daß Sie jetzt kein Exemplar von »Walhall in Brand« besitzen. Darum lege ich hier eines bei und was Sie sonst noch interessieren kann. Ich höre auch, daß Sie durch die Feier der Innsbrucker Universität gar sehr in Anspruch genommen sein werden. Ich wäre Ihnen aber umso dankbarer, wenn ich Ihren Beitrag doch noch bis 15. Juli in die Hand bekäme und nach Wien mitnehmen könnte.

Das Kapitel 7 wird nur so wie Kapitel 6 Zitate (aus »Walhall in Brand«) enthalten, so daß der Schwerpunkt der inneren Wertung von »Weltenwende« und »Walhall in Brand« ganz in Ihrem Kapitel 5 liegen wird.

Im Kapitel 7 soll noch eine Auswahl von Ungedrucktem hinzukommen. Ich bitte Sie um Ihre Wohlmeinung, ob man darunter auch »Der Freidenker« und »Das Flügelroß auf der Weide« hinausgeben soll, um auch diese Flugbänder des Musengewandes anzudeuten und Humor einzustreuen.

In herzlichster Verehrung und Hochschätzung   Ihr Blümelhuber

Dieser bemerkenswerte und für die sowohl künstlerische wie literarische Arbeit des Stahlschnittmeisters so aufschlußreiche Brief weist auf die Zusammenhänge zwischen bildender Kunst und Dichtung hin, wie sie Moriz Enzinger ja auch hinsichtlich der beiden Gedichtbände Blümelhubers »Weltenwende« und »Walhall in Brand« erkannt hat, daher in erster Linie auf diese Ambivalenz eingestiegen ist und dann erst auf Form und Inhalt der Gedichte. Er hat damit – als einer der ersten Literaturwissenschafter – auf diese Einheit hingewiesen, und *darin* liegt auch der moralische Wert seiner Beschäftigung mit Michael Blümelhuber, und nicht etwa in der bloßen literarisch-wissenschaftlichen Analyse der Gedichte des Meisters. Denn Enzinger hat sofort erkannt, daß er es bei Blümelhuber mit einem Manne zu tun hatte, der – ähnlich wie Richard Wagner in seiner Eigenschaft nicht nur als Komponist des »Rings der Nibelungen«, sondern auch als Verfasser der Libretti – bei seiner bildenden Kunst in eine gewisse Einheit zur Dichtung gedrängt wurde, dies freilich nur von der Idee her, kaum in endgültiger ausgefeilter Form. Wäre er bei Versen wie diesen geblieben –

> Am Dreieck, von der blauen Enns gezogen
> Und von der Steyr grünem Wellenbande,
> Im Tale tief, am laubgeschmückten Rande
> Der Höhn, die niederschau'n in engem Bogen,
> So hab ich ganz dein Bild in mich gesogen,
> Ein herrlich Bild im schönen Vaterlande! –

so hätte er mit seiner Lyrik länger bestehen können, als dies dann wirklich geschehen ist. Das hat auch Moriz Enzinger nach etlichen Jahren in seiner »Kleinsten Literaturgeschichte Steyrs« gleichsam zwischen den Zeilen, aber ohne seine Auffassung von früher ändern zu müssen, wissen machen: »Der Stahlschnittmeister Michael Blümelhuber aus Unterhimmel bei Steyr (heute in die Stadt eingemeindet, der Verfasser) rang auch um den Kranz des Dichters, da ihm der Stahl zur Formung seiner Ideen nicht mehr genügte. ‚Weltenwende' wirft in polternden Versen den Blick in die Zukunft, ‚Walhall in Brand' gibt der deutschen Not Ausdruck, ‚Jung Faust an die Menschheit' vertritt einen neuen Gemeinschaftsgedanken ...«

Zu »Jung Faust an die Menschheit« schrieb er in Freundschaft zu Michael Blümelhuber ein kurzes Vorwort: »Der Deutsche, der diese Friedenslieder und Sinngeschichte schrieb und das dramatische Dreibild ‚Jung Faust' schuf, hat sich durch Kunstwerke anderer Art einen Weltruf geschaffen. Eine Kraft höchsten Schwunges! Wir Nächststehenden aus seiner Heimat aber stimmen zu, daß er sich in diesen Liedern aus seiner allerjüngsten Schaffenszeit als ‚Deutscher' hinter sein Werk stellt, um die leuchtenden Ideen ausschließlich durch die ihnen innewohnende Kraft auf das deutsche Volk und auf die gesamte Menschheit wirken zu lassen, auf daß sie von neuem die Ziele hoher Menschlichkeit vor Augen stellen. Dies zum Geleite!«

Eine stille Absage an den Stahlschnittmeister? Vermutlich war ihm die allzustarke Deutschtümelei Blümelhubers im Gewand von Goethes »Faust«, bezogen auf die Jahre vor 1933, etwas zuviel für seine kritische Ader.

Es ist schließlich ja auch nicht zu dem Kapitel 5 des »Blümelhuber Buches« gekommen. Sterlike brachte 1925 nur ein schmales Buch über den Stahlschnittmeister aus Steyr heraus, nachdem Eduard Kapralik eines ein Jahr zuvor hatte erscheinen lassen. Was blieb, war die Freundschaft eines Steyrers zum andern, eine Haltung, die sich zwischen Steyrern stets aufrechterhalten hat trotz aller verschiedenen Meinungen, die dabei aufgetaucht sind. Daß Michael Blümelhuber bereits am 8. Juli 1927 in einem Brief auf eine etwaige Zurückziehung Enzingers von dem geplanten Buch voller Schonung für den Adressaten hinweist, ist offensichtlich, aber auch seine wahren freundschaftlichen Gefühle für ihn sind es, die auch bis zu Blümelhubers Tod anhielten. Es heißt in dem Brief:

Lieber Herzensfreund!

In diesen heißen Sommertagen, die das Scholarenjahr beschließen, ließ mir der Herzensfreund aller seiner Geschöpfe, der liebe Herrgott, durch einen furchtbar lieben Engel sagen, daß dies auch die Prüfungszeit der Professoren sei, so weit sie vor ihm selbst auch wirklich gelten wollen. Natürlich läßt dies vor allem Sie nicht unberührt, lieber Freund.

Stellen Sie sich vor, was Sie da aus eigener Erfahrung wissen, wie grausam die Jugend ist, besonders die deutsche, zu der ich mich ja auch nach Überschreitung der ersten sechzig Lebensjahre noch zähle. Mag sie auch im Examen unter dem Zwange der äußeren Umstände einer *höchst* unausgebauten Weltordnung noch gute Miene zu so bösem Spiele machen, nachträglich sitzt sie umso furchtbarer zu Gericht über die Examination selbst.

Und nun stellen Sie sich vor, daß da jener furchtbar liebe Engel noch Beisitzer ist.

Um unnötiges Aufsehen zu vermeiden und für schwere Fälle Raum zu geben, hat mich der liebe gute Engel ermächtigt, daß wir, Sie und ich, unsere heiße Sache unter uns allein ausmachen.

Haben Sie darum keine Sorge, Kandidat Professor Dr. Enzinger, Sie werden schon auch vor dem höchsten Forum noch bestehen und nicht durchfallen. Wir müssen uns nur noch etwas näher kommen.

In Ihrer Examenarbeit, die im großen und ganzen, in Ansehung des nicht leichten Stoffes, sehr anzuerkennen ist, stehen Sie aber noch ganz auf dem Standpunkte der bisherigen wissenschaftlichen Forschung, welche nur langsam den von der Inspiration gelenkten Erscheinungen in der deutschen Poesie zu folgen vermag. Verzeihen Sie, aber ich spreche da im Auftrage jenes lieben Engels.

Vom Standpunkte dieser Forschung aus, mit der Sie, als Gelehrter, nicht mir nichts dir nichts brechen dürfen, hätten Sie eigentlich meine Dichtungen verneinen müssen oder hätten von Anfang an nicht so viel Lob und Anerkennung aufwenden dürfen. Umso schlechter käme ich auf der dritten Seite weg: (Es handelt sich da um den nicht veröffentlichten Aufsatz von vorhin »Michel Blümelhuber als Schriftsteller«, der sich da plötzlich als das geplante Kapitel 5 des »Blümelhuber Buches« herausstellt, und zwar geht es um die Darstellung Moriz Enzingers über die Gedichtsammlung »Walhall in Brand«. Der Verfasser.) Ich bin auf keinen Fall als eine im *Gedanklichen* aufgehende reflektierende Natur zu bezeichnen. Ich bin mir eben immer der Wichtigkeit des gedanklichen Ausdruckes bewußt. Und wenn meine Verse oft gedanklich überfrachtet sind, ja selbst wenn die Dichtung ein Torso bleibt, so ist gerade dies der stärkste Beweis für den Werkursprung nicht aus dem Gedanklichen, sondern aus einem von der Inspiration befruchteten ungewöhnlichen *Gefühlsleben* ... Gilt doch gerade der Torso in der Plastik als stärkster Ausdruck und als unbedingtes Bekenntnis zum Gefühlsleben, welches so dem Gedanklichen und Formalen das letzte Zeugnis seiner ganzen Unzulänglichkeit ausstellt.

Da Sie nun in Ihrem lieben Begleitbrief selbst zu einer freimütigen Äußerung einladen und mir einräumen, irgend eine Änderung vorschlagen zu können, lege ich Ihnen gemeinsam mit dem lieben guten Engel den Vorschlag vor, auf der dritten Seite einen entbehrlichen Absatz wegzulassen und dafür die in den mitfolgenden Unterlagen präzisierten Feilungen einzuschieben. Dabei mute ich Ihnen nichts anderes zu, als gütigst noch anzuerkennen, was in diesem Briefe steht.

Wenn Sie die Feilungen, die nur meinem innersten Wesen gerechter werden sollen, zustimmen, könnte ich Ihnen jetzt die Plackerei der neuen Maschinenreinschrift abnehmen und auch die Garantien übernehmen, daß dem Umfange zugestimmt wird.

Verzeihen Sie den recht mutwilligen Anfang dieses Briefes. Vielleicht sollen wir Menschen uns überhaupt mehr aussprechen über alles, was uns innerlich bewegt. Also tat ich es in herzlicher Verehrung und Hochschätzung!

Ihr Blümelhuber

Steyr, 8. Juli 1927

Michael Blümelhuber hat Moriz Enzinger da völlig mißverstanden. Gerade seine leichte Kritik an »Walhall in Brand« beweist seine moderne kritische Einsicht in dieses Werk. Außerdem ist es nicht ungewöhnlich, innerhalb einer kritischen literarischen Arbeit zwei Werke miteinander zu vergleichen und ihren Wert gegeneinander abzuwägen, was hier geschehen ist. Dadurch erkennt man ihren Verfasser als einen aufrichtigen Kritiker und stellt zugleich den Verfasser des kritisierten Werkes als einen ernstzunehmenden schöpferischen Menschen heraus, von dem man auf diesen Gebiet viel erwartet, noch dazu er noch eine andere Gattung der Kunst vertritt, zweifellos seine erste, weil er von ihr zur Dichtung gekommen ist. Andererseits läßt sich aus dem Brief Blümelhubers lesen, daß er sich darauf versteht, seine Argumente gut zu untermauern. Sein »lieber guter Engel« ist niemand anderer als er selbst.

Der sich in den laufenden Jahren weiter verbreitende Ruhm Michael Blümelhubers hat seine Freundschaft mit Moriz Enzinger vertieft, der Stahlschnittkünstler hat sich dann auch mehr in zeitkritischer Prosa als in Gedichten oder sonstigen dichterischen Arbeiten geäußert, der Briefwechsel der beiden schränkte sich aber wie von selbst durch ihre weiteren, nicht unerheblichen Anstrengungen im eignen Werk ein, bekam jedoch um die Mitte der dreißiger Jahre wieder Nahrung, vor allem durch eine besondere neuerliche Anteilnahme Enzingers an Blümelhubers neuen Werken...

Daher Michael Blümelhuber...

Hochverehrter lieber Freund!
Verzeihen Sie die späte Antwort. Ich mußte es mir gut im Kalender auszählen und auch den Arzt fragen. Wenn nicht ein Bürgerkrieg oder ähnliches ausbricht und wenn Sie mir nur gleich alles Entscheidende überlassen, sowie umgehend »einverstanden« schreiben, dann gehts, auch mit unseren jetzigen Verhältnissen, für die ich Ihnen mein »einverstanden« gleich heute mit ins Kuvert gebe. Zeigt uns doch die »Himmelsbotschaft«, daß es über allen Entstehungsmöglichkeiten noch ganz anderes gibt. Voraus muß ich betonen, daß sich Stahl *nicht* mit Steinen, besonders nicht mit Brillanten verträgt. Von ganzem Herzen danke ich Ihnen, lieber Freund, daß Sie Präsident Weimars Vorschlag nach Oslo unterschrieben haben. (A. Weimar war der Präsident der Blümelhuber-Gemeinde in Steyr, der in Laussa bei Steyr ein Schlößl besaß und als freier Journalist zwischen dort und Wien lebte, wohin er nach dem Verkauf dieses Schlößls ganz zog. Er hat auch für ein privates »Archiv« über Michael Blümelhuber gesorgt, dessen gesamter Bestand an die Stadt Steyr übergegangen ist. Der Verfasser.) Neu unterschrieben haben: Gleispach, Verdroß und Otmar Spann – Redlich hat zwei handschriftliche Briefe beigegeben. – Zur »Himmelsbotschaft« kommt demnächst eine Besichtigung aus Wien. Die Vorsehung ist am Werke. Vielen Dank auch, daß Sie an Kollegen Nadler zu schreiben bereit sind. Vielleicht können Sie dazu einen der beiden beiliegenden Drucke brauchen. Es geht vorwärts mit »Jung Faust«! In herzlichster Verehrung

Steyr, 30. Jänner 1933   Blümelhuber

Es ist nicht bekannt, ob Moriz Enzinger in dieser Sache an Josef Nadler geschrieben hat, aber man kann es von vornherein bejahen. Wie es dann Nadler selbst gehalten hat, weiß man ebensowenig. Hier geht es um eine Eingabe zum Friedens-Nobel-Preis. Von ihr ist wenig in die Öffentlichkeit gedrungen, und das ist immer todsicher der Anlaß zu tausend Gerüchten. Man hat sogar davon gesprochen, Moriz Enzinger habe Michael Blümelhuber über die Akademie der Wissenschaften zum Nobel-Preis für Literatur eingegeben. Über die Eingabe zum Friedens-Nobel-Preis liegt, soweit es Enzinger betrifft, ein Brief von Anton Weimar als Präsident der Blümelhuber-Gemeinde an Moriz Enzinger vor, darin es heißt: »Hochverehrter

Herr Professor! Aus vielen Gründen geht die schon im Vorjahre eingeleitete Nobelpreis-Aktion für Prof. Blümelhuber weiter, wie Sie aus der beiliegenden Abschrift eines an mich gelangten Briefes ersehen wollen. Es ist mir gelungen, das persönliche Interesse des Direktors der Nobel-Bibliothek, C. Grönblad von Axelsandberg, zu erwecken, und ich würde großen Wert darauf legen, außer der Unterschrift Oswald Redlichs auch noch andere Unterschriften von Universitätsprofessoren, besonders von einem Germanisten, beizubringen. Da der Anmeldetermin für Erstreckung des vorjährigen Vorschlages schon mit Ende Jänner endet, bitte ich Sie, gewiß auch im Namen unseres verehrten Meisters, das beiliegende Vorschlagsformular gütigst unterschreiben und an die Adresse: Blümelhuber-Gemeinde in Steyr, zurücksenden zu wollen; bitte spätestens 24. Jänner von Innsbruck abgehend. A. Weimar. Steyr, am 20. Jänner 1933.«

Der erwähnte Brief von C. Grönblad, Direktor der Svenska Akademiens Nobelbibliothek in Stockholm, aber lautet: »Sehr geehrter Herr. Ein Vorschlag zur Erteilung des Nobel'schen Friedenspreises soll dem Nobelkomitee des Norwegischen Storthings, Oslo, eingereicht werden. Kompetent einen solchen Vorschlag einzureichen sind laut den Statuten der Nobelstiftung u. a.: Mitglieder der Parlamente der verschiedenen Staaten und deren Regierungen sowie des interparlamentarischen Verbandes; Mitglieder des Internationalen Schiedsgerichtes zu Haag; Mitglieder des Institut de Driot International; Universitätsprofessoren der Staats- und Rechtswissenschaft, Geschichte und Philosophie. – Die hieher eingesandten Materialen (Zeitungsausschnitte) betr. Herrn Prof. Blümelhuber bin ich bereit dem norwegischen Nobelkomitee leihweise zu überlassen, wenn erwünscht. – Die Bücher des Herrn Blümelhuber werden Sie ja wohl selbst nach Oslo einsenden. – Nach diesen Angaben wird es Ihnen wohl ohne Schwierigkeit gelingen, einen kompletten Vorschlag rechtzeitig zu bewirken. Mit vorzüglicher Hochachtung, C. Grönblad.«

Es muß angenommen werden, daß nach einer solchen Auskunft von vornherein keine Aussicht für Blümelhuber bestand, aussichtsreich in die Reihe der Kandidaten aufgenommen zu werden. Dazu kam dann noch der politische Umschwung in Deutschland. Da mußten gerade die Gedichte aus »Walhall in Brand« falsch gedeutet werden. Sosehr seine Stahlplastiken symbolisch für den Frieden sprachen, so wenig konnten seine Gedichte nach einem verlorenen Krieg für einen deutschen oder österreichischen

Staatsbürger vom Friedens-Nobelpreis-Komitee als Friedensschalmeien gelten. Hier bewahrheitete sich die Kritik Enzingers an »Walhall in Brand«. Bis heute ist nach der Baronin Berta von Suttner (1905) und Alfred Fried (1911) keinem Österreicher mehr der Friedens-Nobel-Preis zugesprochen worden. Die Deutschen Stresemann (1926), von Ossietzky (1935) und Schweitzer (1952) erhielten ihn für ihren unentwegten Einsatz für den Frieden, Carl von Ossietzky unmittelbar bedroht, weil damals Häftling eines Konzentrationslagers und mit dem Verbot belegt war, den Preis anzunehmen.

Michael Blümelhuber hatte unterdes in seinem »Jung Faust an die Menschheit« über seine beiden anderen Gedichtbände hinaus neue deutsche Freiheitslieder gesammelt, die »nach alten Weisen«, wie es im Untertitel heißt, ein neues friedliches Deutschland erstehen helfen sollten; aber er konnte sich – anders war es für ihn auch nicht möglich – von seiner grundsätzlichen früheren geistigen Einstellung, die er stets verfochten hatte, nicht lösen oder doch eine gewisse Überhitzung der Gedanken nicht unterlassen. In einem Pfingsbrief des Jahres 1934 an Moriz Enzinger verteidigte er sich und schätzt dabei die gegenwärtige Lage von sich aus und über sich durchaus richtig ein, nicht aber die Wirkung seines neuen Gedichtbandes auf die engere und weitere Umwelt.

Hochverehrter lieber Freund!
Mit großem Interesse habe ich Ihre geistreiche Arbeit zu Josef Nadlers fünfzigsten Geburtstag in der »Reichspost«, Wien, gelesen. Denn vieles aus seinem Leben und mutigem Schaffen war mir doch noch nicht bekannt.
Und was bilden da die heutigen seelischen Zustände unter den Stämmen des deutschen Volkes für einen Hintergrund!
Es drängt mich, Ihnen zu gestehen, daß ich sehr froh bin, »Jung Faust« schon vor zwei Jahren geschrieben zu haben, unbeeinflußt von den Zuständen von heute.
Mag »Jung Faust« nun für alle Zukunft Zeugnis geben, wie ein deutscher Meister österreichischen Stammes sein deutsches Volk und dessen Zukunft gesehen und Erschautes niedergeschrieben hat, an der Hand der Inspiration. Sie waren ja damals Zeuge. Will sich denn alles erfüllen, was im Buche steht?
Möge das deutsche Volk doch jemals die Kraft finden, aus dem Mephistomorast (das Wort bezieht sich auf sein dramatisches Dreibild »Jung

Faust«, in dem Faust am Schlusse Mephistopheles nachruft: »Weiche, weiche, Satanas! Sei immer ferner meinem Volke, sei allen, allen Völkern fern!« Der Verfasser), darin schon alle Völker zu versinken drohen, wieder zu Fausthöhen emporfinden.

Immer wird mein Buch nicht niedergeschwiegen werden können; dafür ist das Volk selbst da.

Die Jugend scheint im heutigen Seelendrang nun doch immer mehr mit »Jung Faust« zu gehen. Ein Wiener Maler, der, obwohl noch sehr jung, doch schon einen Namen hat, Emil Böckl, war nach dem Lesen so ergriffen, daß er einen neuen Einbandentwurf schuf: »Mephistos Flucht vor dem Menschengeist.« Ich wurde gefragt, ob ich gegen die Anbringung meines Porträts etwas einwende, und konnte nicht dagegen sein, weil ich überrascht war von dieser Leistung. (Dieser Umschlag Böckls mit dem Kopf Blümelhubers wurde dann für die Ausgabe angenommen, der Verfasser.)

»Mephisto-Gebot« und »Faust-Gebot«, in diesen zwei Gedichten sind alle Fragen und alles Drängende meines Buches zusammengeschweißt und zur brennenden Entscheidung gestellt. Ist das deutsche Volk noch ein großes Volk, dann hört es seine Meister...

Viele herzliche Grüße   Ihr Blümelhuber

Steyr, Pfingsten 1934   *

So ist der beiden geistige Linie, ihr Gebot, bei Blümelhuber:

> *Mephistopheles:*
> Wollt'st du vielleicht ein Heil'ger werden?
> Daß du nun so am Teufelspakt
> Gleich wieder rütteln möcht'st im Werden?
> Du fühlst wohl wie ich zugepackt?
> Doch halt, das wär' ja auch ein Weg:
> Den neuen Heiligen zu spielen.
> Ich hielt ja selbst schon manch Kolleg
> Zu Salamanka ab, im stillen.
> Du könnt'st als neuer Heiliger
> Das alte Testament verwerfen
> Und auch das neue hinterher;
> Im Streit die simplen Geister schärfen.

So gründen wir ein Übertestament,
Das werbend wir das dritte nennen.
Aus purem Gold das Fundament,
Erhitzbar, daß sie sich verbrennen;
Sieh doch wie hinter mir sie rennen,
Die Völkerhaufen, die ich an der Nase führ'
Und jede Abart einfach numerier'.
Ich rufe dich als Über-Heil'gen aus;
Und so beginnen wir den losen Strauß.

Faust:

Ich hatte ja dein Tun schon lang erforscht,
Schon überall dort, wo die Welt vermorscht.
Nun stell' ich dich den Völkern vor.
Du bist vielleicht nicht für Humor?
Doch komm nur, da schon alles schaut,
Heraus aus deiner Teufelshaut.
Du kannst ja die Gestalten wechseln,
Kannst selber dir die Formen drechseln
Für deinen Umgang mit der Welt.
Ich stell' dich, wenn es dir gefällt,
Als einen braven Menschen vor,
Der sich noch nicht zu dir selbst verlor;
Doch immerhin: ein kleines Ritzchen
Im Innern traf dein Angelspitzchen;
Wie's ja so harmlos oft beginnt.
Aus Minne selbst wird Eifersucht
Und Streit und Totschlag, Mord verrucht.
In manchen wird dies erste Ritzen
Durch mehr Verderber-Angelspitzen
Mit der Zeit oft riesengroß,
Durch dich ein Unheil grenzenlos;
Es füllt den ganzen Menschen aus,
Ein Menschenteufel wird daraus.
Ganz fehlt in keinem Herz das Fältchen,
Auch wenn es noch so auserkoren...

Mephistopheles:
Jedem ist es angeboren!
Und dünkt sich einer ohne Makel,
Geheimnisvoll wie ein Orakel,
Solch Dünkel öffnet schon das Plätzchen
Für meine harmlosesten Mätzchen...
Das wußten schon die Heiligen...

Das Ende haben wir schon vorhin gehabt, Faust ruft dem forttaumelnden Mephistopheles nach: »Weiche, weiche, Satanas!«

*

Michael Blümelhuber kränkelte in dieser Zeit schon, die Verbindung zwischen ihm und Moriz Enzinger blieb aufrecht, der Literaturhistoriker, der im Grunde kein extremer war, das beweisen seine »Ausflüge« in die zeitgenössische Dichtung schon in der »Kleinsten Literaturgeschichte Steyrs«, wo er sich mit jungen lebenden Literaten und Dichtern beschäftigt und sie in ihren Werken analysiert, und zwar vorausschauend, und auch sonst, wie mancher Briefwechsel mit Heimito Doderer, Max Mell, Felix Braun, Friedrich Schreyvogl und Franz Theodor Csokor es verrät. Enzinger hat sich aber 1935 noch angeboten, ein getreuer Freund wie er Blümelhuber war, über ihn einen Vortrag zu halten, der ohne Bilder nach den Stahlschnittwerken des Meisters nicht möglich war. Michael Blümelhuber hat ihm darauf in einem Brief vom 14. Mai 1935 geantwortet:

Lieber hochverehrter Freund!
Herzlichen Dank für Ihren lieben Brief. Es ist mir weitaus lieber, daß Sie alles mehr von Ihrem Standpunkte des Ideellen anpacken. Denn da kommen, glaube ich, meine Werke weitaus am meisten zur Geltung.
Ich kann Ihnen heute schon 7 Bilder meiner neuesten Werke schicken und ausschließlich Ihnen, lieber Freund, weil ich da weiß, daß ich sie nach dem Vortrag wieder unbeschädigt und vollzählig zurückerhalte. Für Epidiaskop sind Sie ja nun voll gerüstet.
Mein Werkheiligtum, das Sie sich wohl als letzte Steigerung aufheben werden, die »Himmelsbotschaft«, ist dabei. Das ist die aus dem Unsichtbaren erstrahlende »göttliche Idee«, über die nicht mehr gestritten werden

kann; wie es Kunstwerke gibt, hinter denen alle Worte zurückbleiben. So machtvoll habe ich das noch nie beobachtet wie an diesem Werk. Darum steht es über hohe Intention auch im Dom-Museum zu St. Stephan, Rotenturmstraße 2.

Den ideellen Inhalt der »Schöpferhand« und der »Teufelskralle« habe ich Ihnen persönlich darlegen können; ebenso den idealen Inhalt des »Linzer Domschlüssel«.

Für den »Bergmannsstock von Witkowitz« haben sie ja das Gedenkblatt. In Verehrung

Ihr Blümelhuber

Beilagen (7 Lichtbilder)

Acht Monate später war Michael Blümelhuber tot. Sein einfaches Grab, ein Ehrengrab seiner Vaterstadt auf dem Steyrer Friedhof, gestaltete Hans Gerstmayr.

Michael Blümelhuber zählt zu den schöpferischen Menschen, die sich nicht nur an der Gegenwart, sondern auch an einer hoch künstlerischen Epoche der Vergangenheit, der Renaissance, orientiert haben, dies auch im wirklichen Leben, so mit dem Bau eines Hauses, des vom Land Oberösterreich nach seinen Plänen errichteten Meister-Ateliers an der ehemaligen Posthofstraße, heute Michael-Blümelhuber-Straße. Seine Einflußnahme bezog sich auf jede Kleinigkeit, um nur ein Beispiel zu nennen: sein Schlafzimmer – er war Junggeselle – ließ er mit einer gewölbten blauen Decke ausstatten, in der goldene Sterne den Himmel symbolisieren sollten. Die Höhere Technische Bundeslehranstalt, Nachfolgerin der Fachschule, die Blümelhuber besuchte, kaufte das Haus, das fälschlicherweise immer als Blümelhuber-Villa bezeichnet wurde, zu Beginn der sechziger Jahre für ihre Abteilung »Gestaltendes Metallhandwerk« mit finanzieller Hilfe des Bundes – es war vor dem Krieg in private Hand übergegangen – und so wird hier seither, nun unter der Leitung von Prof. Friedrich Schatzl, wieder der Stahlschnitt nach Blümelhuber und Gerstmayr gelehrt. Leider wurden beim Umbau die Sandsteinreliefe, die einzigen großen Jugendstilarbeiten, die Steyr gehabt hat, von den Wänden geschlagen und zertrümmert. Eine Verbreiterung der Straße zerstörte den stilvollen Treppenaufgang zur Hauspforte, und auch der Brunnen, ebenfalls ein Werk von Gerstmayr, dem in so vielen Sparten der bildenden Kunst Bewanderten, inmitten der niedrigen Gartenmauer mit Holzzaun so einzigartig eingeordnet, bekam die Spitzhacke zu spüren. In seinem plastischen Werk hat Meister Blümelhuber eine neue Kunstepoche auf seinem Gebiet, dem Stahlschnitt, eingeleitet, und zwar so, wie wir es von Michelangelo kennen, auch er ein echter Renaissancemensch in der Renaissancezeit, der jedoch als Baumeister mit dem Treppenhaus der Biblioteca Laurenziana in Florenz eine neue Kunstepoche einleitete, das Barock. Bei Blümelhuber gab es ebenfalls ein Neues; denn es bedurfte, seine Ideen in Stahl auszuführen, einer neuen Technik, um einen so harten Stoff wie den Stahl seinen Ideen gefügig zu machen. (Er hat aber sein Werkgeheimnis immer streng gehütet.) So trafen sich Idee und Ausarbeitung in einem. Eine Notwendigkeit, die jedem Laien einleuchtet.

Dennoch fühlte er sich aber als Handwerksmeister wie jene des aufstrebenden deutschen Bürgertums, etwa die Nürnberger, als Hans Sachs lebte. Für Blümelhuber war das die Zeit der Blüte des Meistergesanges, den Richard Wagner in seinen »Meistersingern von Nürnberg« so romantisch verherrlicht und damit folgenden Generationen auf der ganzen Welt zur Kenntnis gebracht hat.

Wenn man diese Beziehung Michael Blümelhubers zum Meistergesang der deutschen Handwerksmeister kennt, wird man seine ganze Haltung als Künstler *und* Mensch verstehen, auch seine Dichtkunst. Sie war und ist in diesem Sinne mehr, als man augenblicklich vielleicht aus ihr herauslesen kann, und Michael Blümelhuber hat das auch gewußt oder doch gefühlt. Daß seine Zeit, der er durch sein plastisches Werk dienen wollte und dazu noch Bücher zum Verständnis der Zeitgenossen schrieb, diese Verse kaum beachtete, wohl aber »Menschheitszukunft«, um nur eine Plastik zu nennen, war auf die Dauer unausbleiblich. Die Gedichte blieben durch die Ereignisse der dreißiger Jahre in Deutschland auf der Strecke. Der Zweite Weltkrieg und sein Ausgang machten das dichterische Werk, mit dem er seine plastische Kunst erklären wollte, völlig zunichte. Blümelhuber läßt in seinem Pfingstbrief an den Literaturhistoriker so etwas wie Schicksal anklingen, das ihm da durch die Ereignisse in Deutschland geschehen sei. Nachträglich dürfte er auch die Kritik Enzingers verstanden haben. Er war hellhöriger geworden. Für Michael Blümelhubers Dichtung gilt wohl das Wort vom Teufel, der nie schläft.

Kehren wir zum Meistergesang zurück. Michael Blümelhuber hat ihn in

Steyr erlebt. Er sah ihn fortgesetzt im Steyrer A-cappella-Chor »Sängerlust«, in dem sich eisenverarbeitende Handwerker zusammengefunden hatten. Unter der Leitung des Chormeisters Wegscheider, der auch längst zu den Toten zählt, war es eine der bedeutendsten Gesangsvereinigungen Österreichs.

Moriz Enzinger hat über den historischen Meistergesang in seiner »Kleinsten Literaturgeschichte Steyrs« auf seine Art, nämlich ohne jede Ausschmückung, rein real, sachlich berichtet:

»In der zweiten Hälfte des 16. Jahrhunderts mehren sich die Nachrichten über die Kunstausübung der *Meistersinger* in Steyr, als deren Begründer auch hier der sagenhafte Heinrich von Ofterdingen auftaucht. Steyr hatte sich seit 1525 der Bewegung der Reformation immer mehr angeschlossen, der Verkehr mit anderen protestantischen Städten war rege, der Austausch von Gesellen in der Blütezeit des Handwerks sehr beliebt. 1562 besteht in Steyr eine bereits vollkommen ausgebildete Meistersingerschule, die vielleicht schon zu Beginn der vierziger Jahre begründet wurde. Zehn von den Gründern gehören den Eisenbearbeitern an, besonders stark sind die Messerer, Schleifer und Schmiede vertreten. Die Tabulatur, also das meistersingerliche Gesetzwerk, für Steyrs Singschule kam durch den Essener Lorenz Wessel, einen Kürschner, sie wurde dann Vorbild für die von Iglau. Severin Kriegsauer, der berühmteste Meistersinger von ganz Österreich, der 15 eigene Weisen erfunden hat, und Mathes Schneider standen mit Hans Sachs in Verbindung. 1578 weilte der Verfasser des »Gründlichen Berichts über den Meistergsang«, Adam Puschmann aus Görlitz, in Steyr und hielt am 1. Februar Singschule ab. Auch der Nürnberger Georg Hager kam Ende der 70er Jahre aus seiner Wanderschaft durch Steyr und mancher andere auswärtige Meistersinger hat hier noch gesungen. Peter Heiberger legt zwei große Liedersammlungen an, etwa von März 1586 bis 10. Februar 1590 reichend, zwischen 1590 und 1612 sind keine Lieder eingetragen, nach 1615 verstummen die Nachrichten über ihn. Wo sich die Meistersinger in Steyr versammelten, ist unbekannt, es ist aber möglich, daß für die feierliche Singschule die protestantische Schulkirche zur Verfügung stand (Dominikanerkirche). Die letzte Nachricht über den Steyrer Meistergesang datiert aus dem Jahre 1616. Mit dem Vordringen des Katholizismus und der Ausweisung protestantischer Lehrer und Prediger dürfte dieser Kunstzweig sein Ende gefunden haben.«

Michael Blümelhubers schriftstellerische Arbeiten stehen wie seine Stahlschnitte (Plastiken) in engstem Zusammenhang mit Österreichs Nöten durch den Ausgang des Ersten Weltkrieges, die aber auch die ganze übrige zivilisierte Welt betroffen haben. »Der Feuerstern« ist in dieser Hinsicht eine Parabel aus seiner Feder, die, wie alle dichterischen Werke des Stahlplastikers, ihre bestimmte eigene, auch vielfach phantastische Ausdrucksweise, eben etwas Expressionistisches haben, das überhaupt in der Zeit lag. In seinen Aufsätzen und Aufrufen hingegen weiß er klar – und hart – zu sagen, was zu tun sei, insbesondere dann, wenn es um ihn selbst geht. Jeder Renaissancemensch war irgendwie ein Egoist, auch er, freilich oft im Sinne vieler seiner Mitmenschen. Dafür ein Beispiel in dem »Offenen Brief an die Österreichische Bundesregierung« aus dem Jahre 1925 in erweiterter vierter Auflage (!), hier in gekürzter Fassung. In allen diesen und ähnlichen Fällen hat sich Blümelhuber, um es volkstümlich zu sagen, nie ein Blatt vor den Mund genommen und ausgesprochen, wie es ihm am Herzen lag, ganz abgesehen von eigenen Verlusten.

*

Der Feuerstern

In einem Lande, wo von jeher viele Kreuze ragten, riß einmal ein Ereignis die Blicke aller gen den Himmel jäh empor.

Fünfzackig hatte aufgeleuchtet ein Feuerstern, ein Hoffnungsstern, der alles, alles überstrahlte. Man sah ihn noch zur Erde niederblitzen. Das ganze Volk erfaßte nun ein Hoffnungstaumel. »Rettung aus dem finstern Erdenleid! Kein Krieg, kein Hunger mehr und keine Seuche, nur muß das ganze Volk an diesen Feuerstern für alle Zeiten glauben, ob es die Sichel oder ob's den Hammer schwinge.«

Auch in den andern Ländern hörte man von diesem Ruf »an Alle« und hoffte, hoffte und alles schrie: »Reißt auf die Pforten in eine neue Zeit und laßt uns forschen, wo das Heil zur Erde fand.«

Auf des Landes weiten Wegen waren hohe Kreuze, ragendes Holz, die Führerzeichen, dran bisher sich der Wandrer Sinn erhob. Da fanden die da nach des Sternes Spuren suchten, einen Abgrund, wie ein Vulkankrater gähnend, und weit vom Rande ein zerschmettert Kreuz, voll Brandspuren aber unverbrannt.

Ein glühend Rätsel zischte da im tiefen Grunde, ein glühender Block, dran jäh des Volkes Leidenschaften aufgeflammt: »Hier stand das Kreuz! Und nun dies mächt'ge Zeichen? Wer deutet uns den ganzen Sinn? Ist es der Stern, den wir mit eignen Augen sahen?« Gelehrte, die auch Augenzeugen waren, sagten nur: »Ein Feuerstern, ein Meteor, wohl riesengroß.«

Rätseldeuter aber waren flugs zur Stelle, die gleicher Zeit ins Land zurückgekommen, aus andren Ländern, daraus man sie verwies, wie aus dem eignen Heimatlande der vielen Kreuze längst verwiesen sie gewesen. Doch nun als Landesherren sich gebärdend, rissen sie an sich des Volkes Gunst: »Laßt von Gelehrsamkeit euch nimmer täuschen! Hier seht ihr nicht den Stern, der fortan allem Volks leuchte, das Sichel oder Hammer schwingt und hofft. Hier seht ihr, was der Stern gewollt und seine Macht getan! – Fort, fort darum, nach diesem großen Beispiel, mit allen Kreuzen aus dem ganzen Land! Voraus nun Volk, das Sichel schwingt und Hammer, voraus! Reiß auf die Pforten einer neuen, die Pforten deiner Zeit! Erfüllung hol nun allem deinen Hoffen! Wir, nur wir, wir können die Erfüllung bringen; folgt nur mit eignem Willen und auch blindlings unserm Führertum. – Sieh Volk, was dir der Hoffnungsstern gezeigt: Zerschmettere alle Kreuze im ganzen Land und alle die sich noch an Kreuze klammern, vertilge, wie der Starke seinen Feind vertilgt. Ans Werk, reißt auf der Zukunft dunkle Pforten!«

Bei diesen Worten, ungesehen, schritt ein Dämon durch das Volk, zerteilend es in Kämpferlager, Haß entflammend, gegen alle Kreuze der Erde hetzend, Weisheit dabei und schöpferischen Geist in Formen wirr und wüst verdrehend.

Armes Volk, Befreiung naht; wenn sich auch noch immer brüstet der Dämon, den das Volk nicht sieht, der in sich selber triumphiert: »Soweit ist schon mein Plan gediehen. Dämonskraft riß aus dem All Materie, die sterbend leuchtet. Und der Feuerstern, er traf das Kreuz, zerschmetterte das Kreuz! Nun auch im Volk noch ausgetilgt alle diese Zeichen der Erinnerung an Jenen, gegen den Ischariot wir stellen, im Plane aller Dämonie.

Und dieser Plan, er ist noch immer unerkannt, von aller menschlichen Gelehrsamkeit. Geh heut ich noch wie damals durch das stärkste Volk, und raune nur mein ganz geheimes Sprüchlein, ein mystisch Unwägbares, die Masse, der Seelenknäuel ist bald mein, so unentrinnbar mein, daß selbst Starke auch vergebens an den Strähnen zerren und kommen nicht mehr los aus der Menschenlawine, die unaufhaltsam ins Verderben stürzt. Das ist dann mein Sieg über die kleinen Menschlein, die einzeln fast stärker sind als in der wirren Masse!

Zerbrecht darüber euch die Köpfe; es bleibt doch so, weil einzeln keiner mehr den großen Aufwärtsweg noch findet. Weh wenn ihn einer fände – dann wär's um meine Macht geschehn. – Doch nein, das gehorsamste Opfer meiner Macht wird stets die Masse bleiben. Nur einzeln wäre jeder mehr ein Denker, und nach oben Sucher, auch noch im großen Heer der Unzufriedenen und geistig Unzulänglichen, für die das Menschlein schon zu schwer, und all derer, die an ihrer Väter Sünden büßen. Es sind eben alle, auch die ganze Menschheit noch dazu, alles erst ein Lallen, viel zu unfertig, jemals zu erkennen, daß ich es bin, der sich die Menschlein dann zu Volksmassen ballt, zu Völkerrevolutionen. Und was einzeln doch nach oben noch nicht finden konnte, schleudere in Massen ich empor, wie Vulkanbrodem, der umso schwerer wiederum zu Boden stürzt, lawinenhaft den Feuerberg hinunter.

Tot sind alle schon, die der Dinge Gang nur ahnten. Unwissend Volk ist leicht verführt in Fünf – und Fünfjahrplänen bis zur Elendsreife, bis zur Gleichheit aller im Elend für den Untergang. Drum weiter, immer weiter bis auch andre Völker irr und wirr und bis die Erdensternchen bald verfehlt die lichte Bahn.«

Dem Dämon tritt entgegen nun ein lichter Genius, hoch in der Hand ein strahlend Kreuz, sogar aus Stahl, aus starkem Stahl, wie bisher er so oft zum Töten ward mißbraucht: »Du bist erkannt, Dämon des Finstern! Warum verschließest du das arme Land? Unvermögen ist es, lockend es zu zeigen, es zu öffnen, weil du nicht zeigen willst die hoffnungsraubend düstern Schatten und Lichtes, Großes und Zukunfthaftes zu zeigen nicht vorhanden ist. – Nach außen Volksgut verschleudern, das im eignen Land den Sklaven, die es schaffen müssen, bitter mangelt, das ist kein Locken, das ist Frevel nur, das ist Töten der Seelen in Mammonswirrwarr. Und Friede auf Erden kann niemals Lüge, kann nur Wahrheit werden! Volk erkenn, erkenn aufs neu das wahre Licht, das Glück der Menschheit, das nicht in Flammen gleißt und dann erlischt, wie Truglicht immer noch erloschen ist. Die ganze Menschenwelt, sie helfe nun dem armen, dem verführten Brudervolke empor aus seinem Schmerzensweg. Ihr alle, die ihr wollt, daß Kreuze ragen, beherziget bald selber ganz den hohen Weg, den euch das Kreuz will weisen, von dem seiner Erlösungszeichen beraubten Leidenwege dieses Landes aus, dem Gottessegen längst schon fremd. Beherzigt meine Worte. Denn wenn der Trug des Landes Pforten öffnen muß, um als letzten Ausweg gegen Mammon das Zerstörerwerk zu zeigen, wird es nur wieder Trug sein, der das Düstere verbirgt und sich wohl gar noch brüstet, wie viel von Werken früheren Segens noch vorhanden ist.

Darum, Dämon, weich zurück mit deinem Frevelworte »Gott ist tot«. Du kannst nie Führer sein auf Erden. Gott lebt! Unsterblich sendet aus er seine Boten; schau und hör was ihre Werke sagen. Und dort wo der Mensch zum Dämon wird mit seinem freien Willen, dort nur bist du am Platze. Ja quälst du Mensch gen Mensch, so sorgst du nur, daß allzuweit zurück auch nicht der Nachtrott bleibe und nicht so viele dort verloren gehn. Die Führung aller Völker und der ganzen Menschheit aber sei endlich jenen Menschen nur, die nicht dir Dämon gleich, nein, die an Hochsinn und an Nächstenliebe immer mehr den Engeln und den Zwölfen gleichen, davon als Mensch nur einer mehr versagte, dem dies verführte Volk zu Denkmalehren helfen sollte, wie einem Vorbild für der Menschheit Weg.

Menschenwelt entscheide dich: Truglicht oder Schöpfersterne? Ischariot oder Christus? Tier oder Mensch? Dämon oder Genius? Untergang oder Menscheitszukunft und Menschenglück?

*

Und nun zurück aus philosophischen Höhen in den Alltag, der nicht zu knapp auch Michael Blümelhuber genauso wie einst Benvenuto Cellini zwickte und belästigte, zum Alltag...

Offener Brief an die österreichische Bundesregierung

Sehr geehrte Herren!

Es ist wohl nicht Gepflogenheit und Regel, in meinem Falle aber sicherlich eine berechtigte Ausnahme, daß ein einzelner Staatsbürger einen offenen Brief an die Regierung richtet. Man sagt ja dem Volke z. B. wenn Wahlen bevorstehen, so gerne, daß es souverän sei. Da ich nun nie einer der politischen Parteien angehörte, welche für ihre Mitglieder eintreten, da ferner die auf keinerlei politische Machteinflüsse gestützten höflichen

Vorstellungen des großen Freundeskreises der Blümelhuber-Gemeinde wohl aus Gründen dieser äußerlichen Machtlosigkeit seit Jahren nur wohlwollend ignoriert wurden, kann ich eben bloß als Einzelner Gebrauch machen von jenen souveränen Volksrechten.

Dieser offene Brief ist gleichzeitig an die anonyme Nebenregierung gerichtet, deren eigentliche Machthaber hinter der Persönlichkeit des fremden Generalkommissärs Deckung finden und in allen materiellen Belangen auch in die übrig gebliebenen Machtsphären unserer Bundesregierung, unsichtbar bleibend, eingreifen. Der echte, mehr dem Geistigen lebende Österreicher aber kennt keine Furcht vor Gewalten. So komme ich Ihnen und der Nebenregierung in diesem Kampfe der Gewalten noch zu Hilfe; denn ich kann Ihnen auf Grund einer viele Jahre hindurch auf das bitterste bestätigten Erfahrung sogar das Zeugnis ausstellen, daß aus dem ärmlichen Besitze unseres schon viel zu schwer geprüften Volkes nicht allein Verschwendereien an die Unlauterkeit vorkommen, sondern sogar allerdrakonischeste Ersparungen zu ungunsten derer, die so ungeschickt sind, sich die allerlautersten Lebensberufe ausgesucht zu haben und denselben noch immer treu zu bleiben, trotz des total veränderten Weltbildes.

Seit all den Jahren der Geldentwertung unter jener drakonischen Sparsamkeit, die sich in unglaublichster Weise die Entwertung der Friedensziffern zunutze gemacht hat, äußerlich allerdings sehr leidend, ist es mir eine innere Genugtuung, Ihnen auf Ihre Verfügungen für das Jahr 1925 hin, eben als Angehöriger eines Volkes, das ein souveränes bleiben will, diesen offenen Brief zu schreiben. Das Nähere wissen Ihre Referenten, die durch die neuerlich geübte drakonische Sparsamkeit ebenso gegen Ihr besseres Gefühl von Regierungsgerechtigkeit gequält sind wie ich.

Ein wenig möge aber auch die Öffentlichkeit wissen, wie ich das von ihr so gern und so zahlreich besuchte Kunstinstitut, das Meister-Atelier für Stahlschnitt in Steyr, an dem außer der Bundesregierung auch das Land Oberösterreich, die Stadt Steyr und das gesamte österreichische Stahl- und Eisenwesen einschließlich der Hüttenwerks-Großindustrie interessiert sind, emporzubringen hatte, wenn schon die vornehmste Pflicht der Regierenden aller Zeiten, die Förderung und Pflege der Kunst und Wissenschaft, so wie sich die neuen Machtfaktoren aufspielen möchten, nur mehr eine konstitutionelle Phrase sein soll; bis Gulliver erwacht!

Es ginge auch humaner! Mein Fall ist nicht der einzige. Unser ganzes

Volk leidet. Und im Namen der Menschlichkeit sei den unsichtbaren Mächten, die uns bedrücken wollen, zugerufen: Einkehr! Unser Vertrauen müßte sich ins Gegenteil verwandeln, einer Regierung und einer Nebenregierung gegenüber, welche die Lauterkeit beengen und sich als machtlos erweisen würde gegen die Unlauterkeit. Denn da würden wir erleben, was Anatole France schon in seinem Buche »Le Golf« voraussah: die wildgewordene Unlauterkeit, die von ihr bis zum Weißbluten bedrängte Lauterkeit und eine Gerechtigkeit, welcher nicht nur die Augen, sondern bald auch die Hände gebunden wären. Man wird uns doch kaum für so unintelligent halten, als hätten wir das nicht viel früher schon erkannt, wie es immer nach großen Kriegen war. Doch je schwerer der Krieg und je härter die Nachwehen, umsomehr gilt es, die Lauterkeit wieder aufs neue gelten zu lassen.

Das Meister-Atelier für Stahlschnitt war von seiner Gründung im Jahre 1910 her, ohne Gehaltsleistung, meist nur auf meine Künstlersorgen und auf meine persönliche Arbeitskraft gestellt. Der Staat leistete für die ganzen Erfordernisse des Instituts statutgemäß einen Pauschalbetrag von 5000 Friedenskronen pro Jahr, welcher durch besondere Umstände noch bis 1919 zur Hälfte vorenthalten war und in den Jahren der beginnenden Geldentwertung überhaupt nicht durch Teuerungszugeständnisse erhöht wurde. Für das Jahr 1925 war gerade noch $1/36$ der Valorisierung übrig.

Österreicher, die viel arbeiten und für die Heimat arbeiten, dürfen nicht so behandelt werden. Keine Organisation hätte schon in den ersten Teuerungsjahren geduldet, daß eines ihrer Mitglieder so willkürlich gekürzt worden wäre. Es soll auch in den jüngsten Noten, die in der ganzen Angelegenheit hin und her liefen, für deren derzeitigen Stand das bezeichnende Wort »Kulturschande« aufgetaucht sein. Denn von Jahr zu Jahr wurde von mir und meinem Freundeskreise das endliche Aufschwingen zu gerechter Einsicht vergeblich erwartet und energisch zivilrechtliche Schritte aus Heimatgefühl und aus Rücksicht für den in Sanierung begriffenen Staat immer wieder hinausgeschoben. Ich will auch in diesem offenen Briefe den Begriff der Staatshoheit ebensowenig verletzen, wie das Ansehen der gegenwärtigen Bundesregierung, soweit noch sie es ist, die uns regiert, als Vertrauensträger eines Volkes, das frei bleiben will und seine tausendjährige Kultur nicht einem einzigen der sich noch so drakonisch aufspielenden Finanzprogramme opfern wird. Denn die österreichische Kultur vertritt aufs neue das Reich des Geistigen, das Reich, das nicht von dieser Welt ist, deren Nahrung nur nicht ganz entbehrt werden kann. Aber das Edelste der Menschheit, ihr Schöpferisches, darf deshalb nicht so zu beengen und zu erdrücken versucht werden.

Die Öffentlichkeit aber wird mir diesen Schritt der Notwehr nicht übel nehmen, als einem Mann, der das geschildete Unrecht so lange trug, *daß reichlich Zeit gewesen wäre, es gut zu machen*, und von dem man weiß, daß er noch mit jedem Unrecht fertig wurde, welches darauf ausging, der Kunst hemmend in den Weg zu treten.

Im vorliegenden Falle schon allzu groß gewordener Hemmnisse wäre doch als naheliegend anzunehmen, und ich hatte es während der geschilderten Geduldsproben auch immer angenommen, daß die Persönlichkeiten der Nebenregierung doch Kulturleute sein müßten, die wie jeder bessere Regent die geistigen Fähigkeiten aufbrächten, Kunst und Wissenschaft den schuldigen Respekt zu erweisen. Unsererseits jedoch versichern diejenigen, die sich mit diesen Herren viel herumzuschlagen haben, daß es Barbaren sind, mit denen oft um die elementarsten Kulturerfordernisse gekämpft werden müsse. Mag sein, daß es für andere Ziffernschmerzen solcher Barbaren bedarf. Aber es gibt doch auch noch Dinge in der Welt, die über all der Ziffereinfalt stehen. Bloß zanken und raufen bis die listigste und gewaltigste Bestie übrig bleibt, das treffen die Tiere auch. Die Menschen, so sollte man wohl meinen, sind doch zu anderem da, so weit es die hohen Regierungen und Nebenregierungen gestatten oder – nicht gestatten?

Auch das letztere wäre im Grunde kein Hindernis für mutige Menschen. Angeblich sind wir ja frei geworden. Da mache eben jeder, so stark er über die rohe Gewalt hinaus ist, Gebrauch von dieser Freiheit, die doch kein bloßer Humbug sein wird, und greife zur Notwehr, wo so viel Grund dazu vorliegt. Und wenn wir wirklich Barbaren gegenüberstünden, so hätten diese es nur sich selbst zuzuschreiben, wenn wir uns beehren, sie, trotz der Anonymität ihres Wirkens, über einen derartigen Beweis, der Öffentlichkeit eben als *demaskierte Barbaren* vorzustellen. Denn, wenn ein Einzelfall gar zu viel abbekommt von dem großen Unrecht, welches die Welt erfüllt, muß dies bei Schwächeren zum Untergang, bei Stärkeren aber zu einer flammenden Anklage des allzugroßen Unrechtes drängen. Und weil die Welt schon gar so gründlich verlernt hat, das Wohl und die Zukunft der Lebenserscheinungen auf unserem Planeten in der brüderlichen Harmonie der Gesamtheit zu erhoffen, weil ferner unser österreichisches Elend nicht ein allein dastehendes, sondern ein vom Weltelend der menschenwürdelosesten Unbrüderlichkeit hervorgerufenes und nur ein Stockwerk des babylonischen Teuerungsturmes ist, dessen Grundstein die List- und Gewaltexzesse des Weltkrieges legten, klinge dieser offene Brief im Namen aller, die sich am ungerechtesten bedrückt fühlen, in eine solche flammende Anklage aus, gegen die Vergewaltigungsversuche der Unbrüderlichkeit eines wirr planenden und eigensüchtigen, für uns alle verhängnisvollen Machtwahnes, welcher, in einsichtsloserster Willkür gegen geistige Kräfte sündigend, der Menschheit ein materielles Joch aufzwingen will, für das sie ihrer innersten Natur nach nicht geschaffen ist; am allerwenigsten läßt sich dieses Joch dem Schöpfungserbe der ewig freien Künste aufzwingen! Vom geheiligten Boden ihrer Freistätten aus sei darum allen, die zu Frevlern am Tempel der Menschheit würden, diese Mahnung zur Einkehr, *diese Anklage zugerufen, daß Verbrechen an unserer Kultur begangen und bestehende Rechte nicht geachtet werden.*

Für jedes Wort einstehend, erkläre ich diesen offenen Brief *nur als den Anfang einer scharf einzuschneidenden Kerbe, welche bei jeder Gelegenheit zu vertiefen sein wird, wie für ein neues Zeichen des Mutes zur Wahrhaftigkeit.*

*

Durch neu hinzugekommene Erlebnisse in allerjüngster Zeit fühle ich mich zum Schlusse noch veranlaßt, auch Sie, verehrter Herr Hofrat und Museumsdirektor Dr.-L.*, in Ihrer so vielen österreichischen Künstlern längst bekannten intimeren Wirksamkeit der Öffentlichkeit vorzustellen.

So wie der von unserem großen Oberösterreicher Anton Bruckner an der Schwelle seiner Erfolge mit erstaunten Kinderaugen belächelte Hofrat Hanslick unseligen Andenkens, so ähnlich scheinen Sie sich berufen zu fühlen, österreichischen Künstlern hemmend in den Weg zu treten.

Aber nicht einmal, wenn Sie sich für einen österreichischen Kunstvogt halten, welcher seiner Regierung versichert »alles zu machen«, vermöchte Ihr Geßlerhut uns auch nur eine Stunde länger einzuschüchtern.

Ihre zum Abbau überreifen Dienstjahre, zu denen wir Ihnen noch viele ungleich harmlosere Lebensjahre gönnen, die Ihren wirklichen Verdiensten entsprechen mögen, lassen sicherlich nicht mir allein den lebhaftesten

---

* Dr. Julius Leisching vom Österreichischen Museum für Kunst und Industrie

Wunsch keimen, daß Sie der Morgenluft witternden österreichischen Künstlerseele für den neuen Höhenflug nicht länger im Wege stehen sollten.

Wir werden es selbst, wenn nötig auf diesem Wege unserer Regierung und, soweit sie aus Kulturleuten besteht, auch der Nebenregierung sagen, daß wir nicht die Künstler eines sterbenden, sondern eines zu neuem Leben erwachenden Volkes sind.

Auf Grund meines vieljährigen herzlichen Verkehrs mit Wiener Künstlern und Kunstfreunden und insbesondere gestützt auf deren Äußerungen anläßlich meines jüngsten Wiener Aufenthaltes, kann ich Ihnen aufrichtig versichern, daß das ganze Wiener Kunstleben neu aufatmen wird, wenn Sie die große Güte haben, diese Zeilen zum endgiltigen Anlasse Ihres leider schon so oft hinausgeschobenen Abganges zu nehmen. Überall aber, wo Sie noch meinen, einen letzten Halt zu haben, wird man sich der Einsicht kaum verschließen können, daß Künstler es sich sicherlich überlegen würden, ohne schwerwiegende Gründe offene Briefe zu schreiben.

Sie sagten bei den so interessevollen Besichtigungen des »Linzer Domschlüssels« in den Ministerien, daß wir uns wegen des einstigen Kunstauftrages aus dem inzwischen liquidierten Hoftiteltaxfonds eine Zeitlang nicht leicht sprachen. Zu meiner größten Überraschung wird mir von den berufensten Seiten versichert, daß Sie überhaupt nicht Kunsthistoriker sind. Aber wenn Sie es trotzdem bis zum Museumsdirektor zu bringen wußten, sollten Sie auch einschätzen können, wie viel Zeit und wenigstens bescheidensten Lebensraums, Werke der Plastik erfordern, welche nicht aus weichem Material, sondern aus dem harten Stahlblock zu holen sind. Das aus Gründen des im Vorstehenden geschilderten Dranges unterbrochene Werk steht heute noch dem Museum zur Verfügung; selbstredend in dem Zustande, wie jener Drang es gelassen hat. Die Österreicher mögen sehen, wie sich ihre Künstler durchs Leben zu ringen haben.

Schon einmal gab es in Wien eine, wenn auch viel schüchternere Umfrage, ob Sie wirklich so unentbehrlich seien? Die zur Fragebeantwortung berufenen Faktoren stellten dem zu untersuchenden Unentbehrlichkeitsnimbus die energischeste Abwehr entgegen, wenigstens so weit es sich um die großen Epochen der Kunstgeschichte handle, und sie ließen nur die Frage offen, ob die fast schon legendäre Unentbehrlichkeit vielleicht mehr auf dem Gebiete der modernen Kunstentwicklung anzunehmen wäre;

wogegen sich aber neuestens wieder gerade Vertreter und Verfechter diesen Gebietes womöglich noch energischer verwahrten. Also auch vor mir gab es schon Berufene, die so ähnlichen Gedanken nachgingen.

In einer Zeit wie heute kommt es nicht zuerst darauf an, daß auch die Kunst an den verfahrenen materiellen Karren gespannt würde und, im Dekorativen verflachend, in einem bloßen Luxus- und Modedienst unsere Ausfuhrziffer aufbessere. Auch dekorative Talente mögen ihre Wege finden. Aber die Kunst wird nie etwa einem Damenhut vergleichbar sein, der heuer genau so aussehen muß, damit er im nächsten Jahr zu einem Greuel wird. – Zuerst handelt es sich um die von ihren Künstlern Trost und inneren Schutz, Befreiung und Neuerhebung ins ewig Schöne erwartende Volksseele; nicht allein in unserem vielgeprüften Lande, sondern in der ganzen seelisch verarmten Welt.

Den Schleier Ihrer allerjüngsten Großtat als österreichischer Kunstvogt will ich nur so weit lüften, daß sichtbar wird, wie Sie die Wiener, soweit sie sich nicht mit dem unbesiegbaren Gefühl echter Kunstfreunde in den Salons der nicht umzubringenden Wiener Gesellschaft zu Besichtigungsabenden zusammenfanden, darum gebracht haben, mein jüngstes Werk, »Linzer Domschlüssel«, zu sehen, welchen ich über eine spontane Einladung heuer in die Frühjahrsausstellung des Künstlerhauses angemeldet hatte.

Auf Ihnen vertrauten Wegen haben Sie dafür gesorgt, daß die von Ihnen wohl noch genährte Kompetenzrivalität der Ministerien bis in die vom Drange der Zeit beengte Künstlerhausinsel hineingetragen wurde; und Sie haben so, nach Ihren eigenen Äußerungen mir gegenüber, mindestens mittelbar verhindert, daß die Wiener gesehen hätten, was viele von ihnen sehen wollten. Alle sollten auf Ihr Museum verwiesen werden, wo Sie die beeinträchtigendsten und kurzfristigsten Zugeständnisse machen wollten.

Ich aber erklärte Ihnen als freier Österreicher hiemit öffentlich sowohl in meinem eigenen Namen, mit dem ich einstehe, wie im Namen sehr vieler Wiener Freunde und im Namen der auch im Ausland zu den besten Intelligenzkreisen zählenden »Blümelhuber-Gemeinde«, daß der »Linzer Domschlüssel« in dem heute noch unter Ihrer Leitung stehenden, von hervorragenden Männern gegründeten Museum nicht ausgestellt werden wird, so lange Sie dort noch Direktor sind; gleichviel, ob die beabsichtigte Beeinträchtigung mir persönlich oder meinem Werke, oder aber dem

Geiste galt, der daraus spricht und der aus den Niederungen, in denen Sie sich so sicher fühlen, neue Höhen sucht.

So oft meinem Lebenswerke ein Hemmnis den Weg so weit beengen wollte, daß es zur Notwehr kam, öffnete eine entschlossene Verneinung, den beengten Pfad zu gehen, ungeahnte viel höher führende Wege.

Die im Vorstehenden geschilderten Erlebnisse von Ende April 1925 führten den ganzen Mai und Juni hindurch, bis in den Juli hinein, dank spontaner Äußerungen des naturhaften und dabei so hoch kultivierten Wiener Kunstsinnes, der keiner Hypnose unterliegt, zu jener so viel besucht gewesenen, dreimal verlängerten Ausstellung des »Linzer Domschlüssels« und meiner jüngeren Werke im kunsthistorischen Staatsmuseum am Burgring. Dort wurde auch festgestellt, was der »Kunsthistoriker« vom Stubenring offenbar nicht recht wußte, wenn er nicht absichtlich darauf ausging, meine Werke unter den Scheffel zu stellen, und zwar daß die Medailleurkunst und der Stempelschnitt aller Zeiten, der nie sehr tief in den Stahl eindrang, als die künstlerische Vorstufe dieser bis ins Vollrunde und Durchsichtige aus dem vollen Stahlblock geschnittenen Werke zu betrachten sind.

Blümelhuber
Gründer und Atelierleiter

III
Enrica von Handel-Mazzetti und Moriz Enzinger

Seinen im Konzentrationslager Schörgenhub bei Linz verfaßten »Psalm 149« hat der Dichter Hans Hammerstein zum 75. Geburtstag von Enrica von Handel-Mazzetti als Gruß und Dank geschickt...

> Wir haben schmale Lippen bekommen,
> als ob uns das Herz erloschen wär,
> doch heimlich ist in uns ein Feuer entklommen,
> das verschweigen wir und das hüten wir sehr,
>
> bis das große Grauen des Tages gekommen,
> des Tages der Vergeltung. Warten ist schwer,
> Schweigen schwerer; und mancher, der
> es brach, ward schon von uns genommen.
>
> Und wie uns auch das Entsetzen schüttelt
> und die Empörung in uns drängt
> und am harten Schloß unsrer Lippen rüttelt,
> es bleibt versperrt, bis Er es sprengt,
>
> der den erzenen Engel entsendet
> mit der dumpfen Tuba des Endgerichts,
> vor deren Ton eure Gewalt in Nichts
> aufgeht und all eure Verkehrung sich wendet.
>
> Gottes Lob auf geöffneten Lippen dann,
> zweischneidig Schwert in Händen, treten wir an,
> zu rächen vor der höchsten Gerechtigkeit Thronesstufen
> der Heiligen Blut, das lange vergebens zum Himmel gerufen.

Auch der 149. Psalm aus dem Alten Testament der Bibel drückt das Gefühl der Rache an den Heiden zur Strafe aus, im Grunde ist es aber ein Danklied für die Ausbreitung des Evangeliums von Christo. Und so wird

Enrica von Handel-Mazzetti das Gedicht ihres dichtenden Zeitgenossen, des wohl bedeutendsten Naturlyrikers nach Goethe, der 1947 an der Krankheit, die er sich im Konzentrationslager zugezogen hatte, gestorben ist, aufgenommen haben. Sie hat ihn also acht Jahre überlebt. Ob sie einander je persönlich begegnet sind, ist fraglich. Denn die Dichterin, von schwächlicher Konstitution, lebte zurückgezogen und war scheu im Umgang mit ihren Zeitgenossen. Und jedenfalls hat sie ihr Schicksal, eine Zeitlang, von 1938 bis 1945, zurückgestellt zu sein, viel geduldiger ertragen als mancher andere österreichische Dichter und Gegner Hitlers, der auch in seiner österreichischen Heimat geblieben ist.

Moriz Enzinger hat sich mit ihrer Dichtung von allem Anfang an beschäftigt. Das hat eine doppelte Ausgangsposition gehabt; erstens hat ihn, den Kremsmünsterer Gymnasialschüler, ihr erster großer Roman »Meinrad Helmpergers denkwürdiges Jahr« auf sie hingeführt, und zweitens kam er in der Zeit, in der Enrica von Handel-Mazzetti in Steyr lebte, zumindestens in den Ferien immer in sein Vaterhaus zurück, er hat die Dichterin in diesen Wochen zwischen 1905 und 1911 gewiß dann und wann gesehen. Durch die engen Beziehungen der Handel-Mazzetti zu Tirol ist er erneut wieder auf sie gestoßen, nachdem ihn bereits ihre Steyrer Romane unmittelbar angesprochen haben. Er hat sich auch eingehend mit ihrer Sprache beschäftigt. Ihre allgemeine wie besondere Bewältigung bildet doch bei jedem Dichter, wenn nicht überhaupt das Um und Auf ein Merkmal, das auf ihn hinweist. Beispielsweise hat Enrica auch die Mundart in ihr Werk hineingenommen. So fordert der Melker Lehrer Hans Landersperger im Roman »Jesse und Maria« die Pöchlarner Bauern auf, den gefangenen Jesse von Velderndorff mit Waffengewalt zu befreien. Die Dichterin hat diesen Versen den Titel »Bauernlied« gegeben, Beispiel dafür, wie weitherzig, aber auch wie gerecht sie einen Landlehrer in die Bevölkerung einbezog...

Bauernlied

Alloanig mueß er lieg'n in da eiskalten Stuebn.
Na Sankt Pölten hans bracht den arm' Waldviertler Buebn.
O sprecht, warumb mueß er in Kerker und Pein,
Valass'n, ohnmaßen elendiglich sein?

Sein Bruadan, dem nahmens sei' Guet und sei' Haus,
Sei' Weib in da Hoffnung söllt' ins Elend hinaus.
Da is er los auf den Priester, den grausamben Man,
Und vor daß er's denkt hat, wo war's aa scho tan.
In Gachheit is's gscheg'n, vaziehn hat ihm's Gott,
Doch das weltlich Gericht, das verdammt ihn zum Tod.

Heunt Nacht hot er denkt, und hot si recht kränkt,
An die seinigen Leutl drent und herent.
»Lieba Hergott, habt's alli vagess'n auf mi?
Is koa Mensch, der a Herz hätt' und a Lieb no vor mi?
Is dann koans, was mit einer Frawen, der armen,
Und dem Kindlein, dem klein', hätt a wen'g an Erbarmen?«

Es Pauren! Erbarmt's euch seiner bitteren Not!
Ich bitt' und beschwör' euch beim heiligen Gott!
All's hätt' er euch geben, er war euch so guet;
O laßt's net verderben das jung edle Bluet!

Ewer Vorendl hand unterm Steinhauer g'stritten;
Mit'n Puechenstuebner seins auf Sankt Pölten zueg'ritten.
Tuat's alli imgleichen! Begreift's ewer Wehr!
Was dem Endl kein' Schand war, das sei euch ein' Ehr.
Auf, auf, nach Sankt Pölten! Mit Sengsten und Stangen,
Befreit's unsern Herrn, der zu Unrecht gefangen!
Fürm Henker tuats retten seinen herrlichen Leib
Und für Jammer und Tod das Holdseligste Weib!

Wer ist ewer Hauptmann, wer führt euch in Waffen?
Ritter seind viel; die han *andres* zu schaffen.
Ich kenn an Schulmaster, viel lab is da Mann;
Do er tuat euch schön bitten: Freund', nehmet mich an!
Bi a bluetarmer Narr, hab ko Pferd und koa Schwert;
Aber im Herzen die Trew, die is auch was wert.
O Freund', kummts mit mir! Laßts alli euch werben!
Wir wöllen ihn erlösen oder wöllen mit ihm sterben!

Das Gedicht Hammersteins geht auf das Leid der Menschen ein, das über zwei Weltkriege auf viele gekommen ist, und das »Bauernlied« weist auf frühere ähnliche Schicksale hin, wie sie Enrica von Handel-Mazzetti ja oft aufgegriffen hat. Dieses »Bauernlied« soll einstimmen ins Volkstümliche, das die Dichterin bei aller gehobenen Sprache in ihren Werken bevorzugt, auch in ihrem Epos »Deutsches Recht«, das sie »einen Volkssang aus Stadt Steyr« genannt hat. Im Grunde ist diese Dichtung eine große Ballade, die schon manchen hervorragenden Schauspieler zum Vortrag verlockt hat. Es heißt da zwar, »der öffentliche Vortrag der Ballade ‚Deutsches Recht' ist ohne besondere Ermächtigung seitens der Autorin untersagt«, aber zweifellos hat sich das Werk wie selten ein anderes dafür geeignet, und die Dichterin hat es auch dem seinerzeitigen Schauspieler und Bühnenleiter Ernst von Possart mit den Versen gewidmet:

> Von »Deutschem Recht« eine Mär ich erfand,
> Mein Bestes hab ich gesungen.
> Sänger sind viel im deutschen Land.
> Besseres Lied blieb unbekannt,
> Schöneres ist schon verklungen.
> Du, o Meister, hast es vollbracht
> Durch deiner Rede gewaltige Macht,
> Daß sich mein schlichtes Lied über Nacht
> Die deutschen Herzen errrungen.

Moriz Enzinger stellt dieses »Deutsche Recht« in Zusammenhang mit der deutschen Balladendichtung und schreibt: »Das erste, von Steyr angeregte Werk war eine balladeske Dichtung, die mit ihrer Lyrik zusammengefaßt wurde in dem Band ‚Deutsches Recht und andere Gedichte'. Der balladeske Stil, der dann besonders in der ‚Armen Margaret' zu spüren ist, wird nun der sprachliche Untergrund für einige Dichtungen dieser Art. Die Dichterin fügt sich damit in eine Welle der Zeit, die eine Wiederbelebung und Erneuerung der deutschen Ballade versuchte: Börris Freiherr von Münchhausen, Lulu von Strauß-Torney und Agnes Miegel. Die Ballade ist ein erzählendes Gedicht, das etwas Seltsames, Besonderes berichtet, wobei häufig ein wunderbarer Zusammenhang zu spüren ist, ohne ein Wunder zu sein. Handel-Mazzettis ‚Deutsches Recht' hat solche Züge, wenn auch das eigentlich Wunderbare ausgeschlossen ist. Die reiche

Patrizierstochter weist ihre Freier ab und stirbt dann plötzlich an einem Schlangenbiß. Ein Räuber erbricht nachts ihr Grab und will der Toten einen kostbaren Ring vom Finger ziehen. Darüber erwacht die Scheintote. Der Räuber trägt das Mädchen ins Vaterhaus zurück, wird aber dann wegen Grabschändung zum Tode verurteilt. Doch das Mädchen begehrt ihn nach altem deutschen Recht zur Ehe und errettet ihn so vor dem Galgen.

Nur die Namen sind der Steyrer Geschichte entnommen, alles andere ist Sagengut. Das Gedicht, mit altertümlichem Sprachklang in Strophen verfaßt, wurde viel gelesen und rezitiert, auch szenisch dargestellt. Die ältere Fassung von Gesang II und IV wurde als Widmung des Landes Oberösterreich zum 80. Geburtstag der Dichterin von F. Berger, Linz 1951, herausgegeben, sie steht aber auch in den früheren Ausgaben. Die Rettung eines Verbrechers nach deutschem Recht wird später von Handel-Mazzetti nochmals in ‚Frau Maria' und in ‚Graf Reichard' als Handlungsmoment verwendet. Unterlage für diesen ‚Volksgesang aus Stadt Steyr' war ein altes tschechisches Lied, das die langjährige Kammerfrau der Familie Handel der Dichterin in ihrer Kindheit oft vorsang (Christine Lucan, gestorben 1936), das Lied vom Sterben der Tochter des reichen Mannes, deren Leichnam Räuber wegen des Schmuckes zu berauben suchen. Als sie den goldenen Ring nicht von ihrer Hand bringen, schneiden sie den Finger ab, worüber das Mädchen wieder zum Leben erwacht. – Auch die ähnliche Kölner Sage der Richmodis von der Anducht war der Dichterin bekannt (Rheinland Sagen, Jena 1924, 1. Band). Das Motiv vom Deutschen Recht hatte schon Ernst von Wildenbruch in seiner ‚Rabensteinerin' verwendet, ebenso Henryk Sienkiewicz in den ‚Kreuzrittern', etwas gewandelt Gottfried Keller im ‚Dietegen'.

Ihre Lyrik ist hauptsächlich religiös gestimmt, schließt sich an das ältere Kirchenlied an, kleine Reimerzählungen und manches Rollengedicht wurden aus den Romanen in den Gedichtband übernommen, der in weiteren Auflagen immer vermehrt wurde und schließlich auch die fünf Kaiserlieder, die zunächst unter dem Titel »Imperatori« zum Jubiläum 1908 (Kempten und München 1910) erschienen waren, in sich aufnahm. Lyrische Selbstaussprache hat die Handel-Mazzetti kaum gesucht, balladeske Dichtungen erinnern an Fontane (Mary Poyntz) oder die Droste, die zahlreichen lyrischen Einlagen in ihren Romanen sind vielfach echte alte Lieder, manche aber stammen von der Dichterin selbst, die zu »Frau Maria« sogar einige selbstverfaßte französische Gedichtchen beisteuerte. Trotz mancher Perlen zeigt sich aber doch deutlich, daß Handel-Mazzetti im Grunde keine Lyrikerin war. Das Volkslied, das Schnaderhüpfl (Gstanzl) gibt manches Vorbild ab, echte Strophen von J. Chr. Günther werden in »Frau Maria« leicht variiert übernommen und der Situation angepaßt, wie auch oberösterreichische Mundartdichtung des 18. Jahrhunderts von P. Maurus Lindemayr verwertet wird.«

Daß Enrica von Handel-Mazzetti nach Steyr kam, scheint, wie immer bei schöpferischen Menschen, kein Zufall gewesen zu sein. Die alte Stadt, einst mächtiger als Wien, hatte jenes Fluidum, das die Dichterin von Ansehen, Geschichte und Tradition her genau in die Mitte ihres Denkens und Fühlens traf. Moriz Enzinger, Sohn dieser Eisenstadt, hat das erkannt. Es gibt keine gründlichere, mit größerer Einsicht erfaßte Analyse über die durch Steyr inspirierten Werke der Handel-Mazzetti als die seine. Da fand sich der hier Geborene und Aufgewachsene zur Zugewanderten ohne jene oft so krampfartigen Bemühungen, Herkunft und Anteil auf einen Nenner zu bringen. Er konnte aus dem Vollen schöpfen, und sie konnte es von allem Anfang an auch. Hier war ein Boden, wo aufging, was sie säte, sowohl in der Dichtung wie in bezug auf sie in kritischen Belangen. »Die arme Margaret« steht dabei im Mittelpunkt. Moriz Enzinger hat sich über diesen Roman so geäußert: »Ein Satz in ‚Jesse und Maria' enthält den Keim zur ‚Armen Margaret': ‚Marias reine Seele leidet wie ein frommes Kind, dem ein Wüstling Gewalt antut.' Dazu kam der Reiz der alten Stadt Steyr. Die Handel-Mazzetti beschäftigte sich eingehend mit der Geschichte der Stadt, las F. X. Pritz, Beschreibung und Geschichte der Stadt Steyr, Linz 1837, die Chronik von Jakob Zettl 1612 bis 1635, die *Annales Styrenses* von Valentin Prevenhuber, Nürnberg 1740, die Annalen von Wolfgang Lindner, dem katholischen Schulmeister, und eine Reihe kleinerer Schriften, aus denen oft Einzelzüge entnommen werden. Über die Quellen zur ‚Armen Margaret' schrieb sie selbst einen Brief an Kurt Vancsa: ‚In der Geschichte der Stadt Steyr, von F. X. Pritz (Linz 1837) finden Sie S. 272 die Keimzelle, aus der die äußere, mit dem Bauernkrieg zusammenhängende Handlung Margarets entsprossen ist, nämlich die Erzählung vom Überfall von 100 Pappenheimern auf den Markt Losenstein (3. Jänner 1627). Diese Erzählung und das in der Geschichte immer wiederkehrende Motiv von der Sühnung einer Missetat an weiblicher Reinheit durch Waffengewalt bildete die Synthese meiner Romanfabel. Die Gestalt der Margaret Mayrin ist frei erfunden. Herliberg ist ein Name aus dem Bauernkriege; es gab einen bayrischen Obersten dieses Namens, den Stieve in seiner Geschichte des Oberösterreichischen Bauernkriegs nennt. – Aber die Margaret-Herliberg-Episode hat historische Deckung in zahlreichen geschichtlichen Vorkommnissen. Sie erinnern sich an den biblischen Bericht vom Leviten Ephraim, dessen Weib den Gabaoniten zum Opfer fiel und der alle Stämme Israels zum Kriege gegen die Unholde aufrief. (Das 1688 von der Veltenschen Truppe in Hamburg gespielte Stück ‚Die Rache der Gibeoniter' ist wohl eine Bearbeitung des Dramas ‚Die Brüder oder Gabaoniter' von dem Niederländer Joost van den Vondel.) Die Episode, die Kleist in der Hermannsschlacht (IV/4 bis 6) einflicht, die Tat der Waffenschmiedstochter Hally und der Racheschwur gegen ihre Verderber, ist ebenfalls jenem Bericht der Bibel vom Weib des Leviten nachgebildet, aber gewiß mit Geist und Verständnis; denn in der Tat halten die Germanen die Reinheit ihrer Weiber und Töchter sehr hoch. Wie die Kränkung oder gar Entehrung einer keuschen Frau ein sittlich unverdorbenes Volk zu blutiger Vergeltung heraufruft, zeigt uns auch die Sizilianische Vesper; die Frechheit eines französischen Ritters gegen eine junge Palermitanerin ließ den Aufruhr losbrechen, von dem schon Dante in der *Divina commedia* spricht (Paradiso VIII, 73 bis 76). Margarets Charakterzeichnung wurde vielleicht, ohne daß ich es genau wußte und bestimmt wollte, von zwei klassischen Sagengestalten beeinflußt, nämlich von Griseldis (die wortlose Demut gegenüber ihrem Bedränger, der in Boccaccios Erzählung freilich viel niederträchtiger als Herliberg dasteht, da er ja der Gatte des mißhandelten Weibes ist), ferner von Gudrun. Für eine der besten Gestalten meiner Margaretdichtung hielt man immer den Jakob Zettl. Er ist historisch. Seine Chronik, die in gewissem Sinn die Fortführung der Preuenhuberschen Annalen bildet, hat mir viele Einzelheiten über den Bauernkrieg 1626 und die Folgezeit gegeben...'

Der Roman wurde in einem Zug geschrieben, erschien 1909 zuerst in der ‚Deutschen Rundschau' von Julius Rodenberg, dann 1910 in leicht geänderter Überarbeitung in Buchform. J. Rodenberg hat später seinen Briefwechsel mit Handel-Mazzetti und die ursprüngliche Fassung des Schlußkapitels herausgegeben (1910). Eine verworfene Szene zwischen Margaret und einem greisen Bewohner des Steyrer Bruderhauses hat

K. Vancsa in der ‚Kleinen Festgabe für F. Berger', Linz 1949, abgedruckt.

‚Die arme Margaret' ist das straffste, geschlossenste und wirksamste Buch Handel-Mazzettis, dessen fast männliche Wucht auch *sie* später nicht mehr erreicht hat. Es ist wie ein Drama gebaut, klar, übersichtlich und zielstrebig.

Pappenheimer werden nach Steyr verlegt, nachdem der Bauernaufstand von 1626 niedergeschlagen ist, die Führer verurteilt, gehängt, und geviertteilt worden sind, unter ihnen auch der gewesene Bauernbundsekretär, der Mann der Margaret Mayr. Sie stammt aus Eferding, ihr Vater ist aus Württemberg zugezogen und Kantor an der Schulkirche geworden. Margaret wohnt in einem kleinen Häuschen der oberen Gleinker Gasse. Die übermütige Soldateska macht sich breit. Der junge Leutnant Herliberg will sich an der Witwe vergehen, sie aber verhindert das im letzten Augenblick, indem sie ihm sein Skapulier vor Augen hält. Erschöpft wird sie mit ihrem Kind auf ihrer Flucht von Jakob Zettl aufgefunden und zur Pflege ins Bruderhaus gebracht. Er, der Viertelmeister, ein strenger Katholik, besteht nun darauf, daß Herliberg der Prozeß gemacht wird. Trotz Margarets Fürbitte wird Herliberg verurteilt und durch Spießrutenlauf hingerichtet. Das Haupt des Sterbenden bettet sie in ihren Armen: ‚und den gerichteten Gewalttäter hält das Weib, das er begewaltigen wollte, tot im Arm.'

Wie eine Ballade, düster und schwer, in grellen Tönen, bald fortissimo, bald pianissimo, werden die Szenen mit reifer Kunst gestaltet, die Sprache dröhnt und poltert wie die Soldateska; die Elemente, Unwetter, Gewitter, wirken mit, das beschleunigte Tempo reißt hin, alles spielt sich gehetzt, hastig ab, wozu die Handlungsführung und der dramatische Aufbau Entscheidendes beitragen. Das VI. Kapitel von den zwölf des ganzen Buches bringt als Höhepunkt die Erhebung der Anklage und die Verhaftung des Täters. Pausenlos rollt nun alles Weitere in drei Tagen ab, ohne jede überflüssige, nur ausmalende Episode.

Daß der katholische Pappenheimer seiner Strafe nicht entgeht, dafür sorgt der Katholik Zettl, der in Liebe und Barmherzigkeit die versuchte Untat an Margaret zu einer Angelegenheit christlichen Denkens macht. Schuld hat diesmal der Katholik, nicht die protestantische Witwe eines hingerichteten Aufrührers, auf die alles Licht fällt. Also Gegnerschaft gegen den Katholizismus oder zumindest religiöser Indifferentismus, wie die Formel lautet? Es war wieder ein Verkennen künstlerischer Aufgabe, wenn diese Vorwürfe erhoben wurden; denn darüber wurde ja gar nicht geurteilt, wer nun eigentlich mit seinem Glauben recht habe; es wurde ja nur dargestellt. Aber solche Darstellung wurde eben mißdeutet.

Es ist verständlich, daß ein solches Buch zur Dramatisierung verlockte, aber die Versuche scheiterten, nicht nur weil sie mit unzulänglichen Kräften unternommen wurden, sondern wohl auch an der Sache selbst. Handel-Mazzetti entwarf sogar eigenhändig eine Opernbearbeitung, von der freilich nur der Schlußakt ausgeführt wurde, dieser zeigt aber schon, daß die Bearbeitung mit den Bühnenanforderungen in Schwierigkeit geriet.

Wie ein Satyrspiel folgte der Plagiatstreit mit Karl Schönherr, dessen Drama: ‚Glaube und Heimat' viel Aufsehen erregte; von einem wirklichen Plagiat kann keine Rede sein, wenn auch manche Berührungen aufgezeigt werden konnten. Aber das war nebensächlich, denn die Thematik war ja ganz verschieden.«

In einem Brief an Julius Rodenberg hat die Dichterin die Wogen zu glätten versucht, die über diesem Streit in der Öffentlichkeit entbrannt waren. Rodenberg gab das Schreiben an die Presse weiter. Es lautet:

Hochverehrtester Herr!
Mit großem Leidwesen sehe ich, wie mein Name dieser Tage in der Zeitungspolemik um Dr. Schönherrs Drama wieder und wieder, und oft in Verbindung mit schiefen Behauptungen auftauchte. Auf Ihre gütige Frage nach dem authentischen Sachverhalt erwidere ich kurz folgendes: *Ich habe niemals gegen Dr. Schönherr einen Plagiatvorwurf erhoben.* Auf die ungemein zahlreichen Anfragen, die aus verschiedenen Aufführungsorten an mich kamen, und darin mich Kenner des Stückes und meiner Romane wegen der Ähnlichkeit interpellierten, habe ich stets geantwortet, daß ich die Ähnlichkeit kenne, sie aber absolut nicht für Plagiate halte. Die Augsburger Artikelserie, die Luzerner und andere Publikationen in der Sache sind ohne jede Fühlungnahme mit mir selbständig erschienen. Die erstere kam mir erst vor wenigen Tagen zu. Ich betonte stets, daß das Schönste an Schönherrs Drama das Heimatmotiv ist, das in den verschiedenen Bauerncharakteren in geistreichster Abwechslung durchgebildet erscheint. Auch an Pater Expeditus Schmidt schrieb ich in diesem Sinne. Zur Veröffentlichung war der Brief nicht bestimmt. Hätte ich gewußt, daß er zur Veröffentlichung gelangt, so hätte ich ihn sorgfältiger ausgestattet. Es ist vollkommen

unrichtig, daß ich die Urheberin des Streites bin, der sich um »Glaube und Heimat« und meine Romane entsponnen hat. Die Kontroversen in den Blättern und im Publikum reichen in den Anfang dieses Jahres zurück und hatten ihre Wiege in Süddeutschland und in der Schweiz. Die Stellung, die ich in der Sache einnahm, habe ich oben skizziert. Ich habe niemals öffentlich ein Wort über diese Angelegenheit gesprochen. Daß ich Pater Expeditus gegenüber die textlichen Ähnlichkeiten betonte, wird erklärlich, wenn man bedenkt, daß sehr viele behaupten, Dr. Schönherr habe meine Ideen aufgenommen. Ich habe dies immer entschieden verneint, und verneine es auch heute. In meinen Romanen ringen zwei Glauben um den Sieg, in Dr. Schönherrs Drama ringt das Heimatgefühl mit dem Glauben. In wenig geschmackvoller Weise werden Briefstellen aus einem nicht für die Öffentlichkeit bestimmten Brief aus meiner Feder durch die Feuilletons getragen. Briefe an Freunde entspringen momentanen Stimmungen und reflektieren die Geschehnisse des Tages. Man müßte die Korrespondenz, die ich an diesem Tage aus einer Aufführungsstadt erhielt, neben meinem Briefe lesen, und man würde begreifen, daß mir einige starke Worte aus der Feder kamen. Den Dichter an seiner Ehre gekränkt haben meine Worte wohl nie; dagegen habe ich in der Hitze des Kampfes manche bittere Kränkung zu hören gekommen, die, indem sie mir angetan ward, an die unrechte Adresse ging. In ausgezeichnetster Hochschätzung bin ich stets Ihre ergebenste

Enrica Baronin Handel-Mazzetti.

*

»Inzwischen«, so schreibt Moriz Enzinger in seiner Darstellung über die Werke der Dichterin, die ihr Steyrer Aufenthalt gezeitigt hat, »reifte die dritte Frucht unmittelbar aus der Welt der ‚Armen Margaret' heran: ‚Stephana Schwertner' (1912 bis 1914). Die erste Idee zu diesem Werk keimte im Sommer 1908, noch vor der Konzeption der ‚Armen Margaret'. Die Ausführung begann im März 1911, der 1. Band wurde September 1912 fertiggestellt; die Arbeit am 2. Band dauerte vom November 1912 bis Juni 1913, die am 3. von Juli 1913 bis Juni 1914, im ganzen also 38 Monate. Ursprünglich in einem Band, dann in zwei Teilen geplant, schwoll das Buch schließlich zu drei Bänden mit einem Umfang von 1537 Seiten an. Der erste Teil: ‚Unter dem Richter von Steyr' erschien wieder zuerst in der ‚Deutschen Rundschau' Julius Rodenbergs (38/8, 1912), die Veröffentlichung mußte aber gegen Ende des 39. Jahrgangs aus mehreren Gründen unvermittelt abgebrochen werden (Handel-Mazzetti an J. Rodenberg im Anhang der letzten Fortsetzung). Zugleich erschien der Roman in Buchform.

Von nun an wird die Schilderung, die Beschreibung, kurzum das episch erzählerische Element, das früher fast zurückgetreten ist, viel umfangreicher. Die Szenen werden eingebettet in eine solche Schilderung, die natürlich auch manches Nebensächliche bringt, und sind darum weitaus nicht mehr so konzentriert, wie das eben besonders in der ‚Armen Margaret' der Fall war. Anregung kam diesmal von zwei Erlebnissen, die natürlich nur mithalfen, das Werk zu fördern. In der Vorstadtpfarrkirche St. Michael in Steyr ist im Altarschrein einer linken Seitenkapelle die liebliche Wachsfigur der heiligen Euphemia zu sehen, die auf die Dichterin einen großen Eindruck machte. Diese Figur erschien ihr als Verkörperung ihres Ideals einer heiligen Jungfrau. Dazu gesellte sich schon während der Arbeit ein lokales Ereignis: ein junges Mädchen, eine Kellnerin im Gasthaus ‚Zur neuen Welt' in Steyr in der Schwimmschulstraße, wurde von einem Burschen, dem sie sich versagte, einfach niedergemetzelt. Damit waren wesentliche Momente gefunden, die nun zu einem Gewebe zusammenschossen. Den Hintergrund bilden wieder die Glaubenskämpfe in Steyr zu Beginn des 17. Jahrhunderts. Die Handlung und die Hauptgestalten sind, wie bei Handel-Mazzetti fast immer, frei erfunden. Wenn auch einzelne Figuren geschichtliche Gestalten sind, so sind sie doch zu eigenen Zwecken umgemodelt, wie etwa Joachim Händel.

Im Sommer 1613 ermuntert Kaiser Matthias bei einem Aufenthalt in Steyr während einer prächtigen Festtafel im Steyrer Schloß den Richter Joachim Händel zu weiteren Vorgehen gegen die Steyrer Katholiken, die in der Minderzahl sind und leicht eingeschüchtert werden können. Darauf läßt Joachim Händel aus den Gaststuben die Marienbilder entfernen, die baufällige Steyrbrücke mit dem Kruzifix und einer Heiligentafel, die allen Schiffsleuten heilig ist (I, 228 ff.), sprengen und die katholischen Kirchen bis auf eine schließen, weil die Totengrüfte ansteckende Krankheit verbreiten könnten. Trotz Widerstrebens der Katholiken läßt er sich in seinem Vorgehen nicht beirren. Als nun aber noch die Pest gegen Steyr vordringt, verbietet er alle Massenansammlungen wie auch Wallfahrten und Prozessionen und sperrt die einzig offengebliebene Kirche. Da zögert der Admonter Benediktinermönch Albert, zur üblichen Wallfahrt nach Weng in der Steiermark aufzurufen, läßt sich aber umstimmen, als Stephana Schwertner, die älteste Tochter der Familie Schwertner aus dem Gasthaus im Wieserfeld, die von Admont nach Steyr gezogen ist, für die Abhaltung der Wallfahrt eintritt, also den Kampf gegen die weltliche Obrigkeit aufnimmt. Der Richter läßt durch eine Kompanie Steyrer Schützen, die sein Sohn Heinrich befehligt, die Teilnehmer an der Prozession zerstreuen, und verurteilt Stephana als Rädelsführerin zum Pranger, von dem sie Heinrich aus Mitleid vorzeitig befreit. Im II. Teil: dem ‚Geheimnis des Königs' sitzt der Mönch Albert in einem Turm in Garsten gefangen, während in Steyr ein Aufruhr der Katholiken niedergeschlagen wird. Vier Bürger werden zum Tod verurteilt und hingerichtet, ihre Leiber bleiben zur Abschreckung längere Zeit am Galgen ausgestellt. Stephana kommt öfter ins Garstner Kloster, wo sie Paramente ausbessert. Dort erfährt sie einmal, daß P. Albert einen pestkranken Soldaten bei sich aufgenommen hat, um Steyr vor der Seuche zu bewahren. Als dieser dem Tod nahe ist, bittet der Mönch auf einem herabgelassenen Zettel um das Sakrament für den Todkranken. Sein Ordensbruder P. Ertelius aber zögert hinaufzugehen. Da bietet sich Stephana an, den Gang zu wagen, steigt als Mönch verkleidet in den Turm und bringt dem Sterbenden das Sakrament. Heinrich Händel, der zufällig mit seinen Begleitern abends durch den Ort reitet, sieht Stephana im Mönchshabit aus dem Turm kommen, ohne sie aber zu erkennen. Der III. Teil: ‚Jungfrau und Martyrin' bringt die Katastrophe. Richter Händel läßt sich auf seiner Fahrt zum Kaiser nach Wien von einer Schützenkompanie unter Heinrichs Befehl begleiten. Vor dem Abmarsch begibt sich Heinrich, den inzwischen Liebe zu Stephana erfaßt hat, in das Schwertner Gasthaus und bittet sie, die kundige Stickerin, ihm eine Feldbinde zu sticken. Da deutet ihr sein Verdacht an, daß sie gesehen worden, wie sie abends in Garsten aus dem Turm kam. Stephana weicht mit einem Scherzwort aus, um das Geheimnis des Königs Christus im Sakrament nicht preiszugeben. In Wien teilt Heinrich dem Vater seine Liebe zu Stephana mit, nachdem er Drusianna, die Tochter Bethlen Gabors, abgewiesen. Es kommt zu einem schweren Zwist zwischen Vater und Sohn, und Heinrich reitet darauf allein nach Steyr zurück.

Aber Stephana, die bei ihrem Beichtvater Rat und Hilfe gesucht hat, will sich ganz Gott weihen und weist Heinrichs Werbung ab. Darauf entbrennt in Heinrich Eifersucht und er sticht Stephana blindlings nieder. Als er sich dann selbst zu töten sucht, verletzt er sich nur schwer. Im folgenden Prozeß verurteilt Vater Händel seinen Sohn zum Tod durch das Schwert, aber Heinrichs treue Schützen bewahrten ihn vor dieser Schmach, indem sie ihm den Gnadenschuß geben. Er stirbt, nachdem er in P. Alberts Hände das katholische Glaubensbekenntnis abgelegt und Stephanas Fürbitte angerufen hat. Stephana, deren Schuldlosigkeit sich bei der Gerichtsverhandlung herausgestellt hat, wird als Martyrin im Triumph durch die ganze Stadt zur Kirche getragen, die wieder eröffnet wird, und mit einem sieghaften Gebet P. Alberts schließt das Werk.

Das Ganze ist im Grunde eine Heiligengeschichte, die auf der Legende der heiligen Agnes beruht...«

Soweit Moriz Enzinger.

Enrica von Handel-Mazzetti hat dann die »Rita«-Romane herausgebracht, aber auch unter dem Titel »Handel-Mazzettis geistige Werdejahre« zwei Bände veröffentlichen lassen, »was«, wie Enzinger bemerkt, »einen falschen Eindruck erwecken und mißverstanden werden mußte und dem künstlerischen Ansehen der Dichterin sicherlich schaden« mußte. Und weiter erschienen »Brüderlein und Schwesterlein«, »Der Blumenteufel«, »Ilko Smutniak«, »Der deutsche Held«, nämlich Karl von Aspern, wie der Titel einer Neuausgabe lautet, dem, so hat Enzinger einmal festgestellt, ein Problem wie in Heinrich von Kleists Drama »Der Prinz von Homburg« zugrunde liegt, schließlich wieder ein dreibändiger Roman mit seinen Teilen »Das Rosenwunder«, »Deutsche Passion« und »Das Blutzeugnis«, das Leben des Burschenschafter Karl Ludwig Sand, den man, ebenfalls nach Enzingers kritischer Bestätigung, »einen unhistorischen historischen Roman genannt hat, denn die eigentliche Handlung ist frei erfunden«, dann »Frau Maria«, ein breites barockes Gemälde aus der Zeit August des Starken, Königs von Polen, auch dreibändig, zuletzt »Die Waxenbergerin« und »Graf Reichard«, der letzte ebenfalls dreibändig, womit die Dichterin auf oberösterreichischen Boden zurückkehrt. Der Kreis rundet sich inhaltlich wie formal. Und so wird das literarische Werk der Handel-Mazzetti auch für immer eine große Leistung bedeuten. Bei Moriz Enzinger kann man in zusammengefaßter Würdigung lesen: »Ihre Veranlagung ließ sie Gebilde ihrer künstlerischen Phantasie greifbar vor sich sehen. Zu dieser optischen Fähigkeit gesellte sich aber auch eine akustische, die sie nicht nur Musik lieben und ausüben ließ, sondern ihr auch ein feines Ohr für das

Hörbare der Sprache verlieh, so daß es ihr möglich war, die Gestalten ihrer Dichtung sich durch ihre Sprache charakterisieren zu lassen und sie mehrfach auch fremde Mundarten wie eine fremde Sprache lernt, besonders für jene Romane, die außerhalb Österreichs spielen. Aber auch österreichische Mundarten weiß sie in ihren Schattierungen wiederzugeben bis zu jener eindrucksvollen Gestalt des alten Franzmeier in ‚Frau Maria'. Und sie vermochte sich so in die Sprache vergangener Zeiten einzuleben, daß sie aus ihr heraus dichtete und man zuweilen tatsächlich zweifeln kann, ob ein altes Gedicht, ein Schriftstück von ihr übernommen oder neu gedichtet wurde, etwa die Verse, mit denen der tote Dichter Günther in jener Vision in Maria Taferl sie abmahnt, ihn zum Helden einer Dichtung zu machen.«

Da sind wir nun bei dem Plan Enrica von Handel-Mazzettis, einen Günther-Roman zu schreiben, ein Thema, das ihr wohl hätte liegen müssen, von dem sie aber Abstand nahm. Es wurde am Schlusse nur eine Novelle daraus, »Günthers Tod«.

Vielleicht liegt in dieser Novelle »Günthers Tod« samt ihrer Entstehungsgeschichte am stärksten Leben und literarisches Wirken der Dichterin offen. Enrica von Handel-Mazzetti hat sich, wie Moriz Enzinger ein andermal erklärt, »bei der Konzeption ihrer Werke immer im Banne einer höheren Macht« gefühlt, »wie in Trance. Erst beim Schreiben verhält sie sich kritisch zu ihren Visionen. Die stärkste Kraft fordern immer die ‚Passionsszenen' im weiteren Sinn.«

Es war in Maria Taferl, dem Wallfahrtsort, wo die Handel-Mazzetti öfter, und zwar im Kaufhaus Thom, zugekehrt ist. In die Nacht hinein geht es schon. Die Dichterin hat darüber geschrieben ...

»Ich eilte zum Schränkchen, darauf meine liebe, stille Gefährtin, die Lourdesmadonna, stand, mit ihrem aufwärtsgewandten, blauen, jungfräulichen Blick, mit dem weißen Unschuldsgewand, mit der blauen Schleife, dem silbernen Rosenkranz, den kleinen, goldenen, mystischen Rosen an den zarten Füßen.

Auch du, o Heiligste und Reinste, bitte für mich, kam ich doch her, ein Werk zu deiner Ehre zu schreiben – ist es denn nicht deine Ehre, wenn ein Sünder ein Heiliger wird?

So betete ich, noch im Zweifel mit mir selbst, ob das Gebet recht und gottgefällig sei. – Der Sturm draußen, er schwieg. Nur leise, wie Gespensterfinger rührte Geblätter an die geschlossene Jalousie. Den ganzen Tag hatte mein Vorstellungsvermögen fieberhaft gearbeitet, nicht einen Augenblick hatte ich mir Muße vergönnt; ich fühle mich schwer müde. Ich lege den Kopf in die Hände, und ohne es zu wissen, schlafe ich ein wenig, noch im Traume mit Günthers Bußgedanken beschäftigt. – Doch höre ich deutlich die Uhr der Wallfahrtskirche schlagen, es ist halb ein Uhr. – Ich muß mich nun ermuntern und zu Bett, sonst ist mir die Marientagsvigil morgen verdorben, ich komme in keine Messe dann! Aber ich bin so müde, daß ich mich noch nicht aufraffen kann. – Plötzlich ist mir, zu meinem Staunen, daß auf der Stiege ein Schritt kommt. Das Stiegenhaus grenzt rechterseits an den kleinen Alkoven, und man hört es sofort, wenn jemand heraufkommt.

Ich mutmaße: kommt Frau Thom? Ist es ihr vielleicht nicht recht, daß ich ein Fenster offen habe? – Aber wie könnte Frau Thom herein, sie wohnt im zweiten Haustrakt, und Christine hat doch das Haustor unseres Stöckleins zugeschlossen wie alle Abend; oder hätte sie vergessen? – Doch jetzt höre ich, daß der Schritt über das Vorhaus geht, und ich erschrecke, denn das ist nicht Frau Thom, sondern das ist ein Männerschritt, und zwar ein ziemlich schwerer. –

Wer kommt da? Ist im Hause jemand plötzlich schwer erkrankt und hat man den Priester gerufen? Herr Thom ist ja auch nachts gestorben, sagte man mir... Bei mir hat der Besuch wohl nichts zu tun, aber ich richte schnell das Zimmer in Ordnung, decke das Bett zu und drehe die Lampe auf, wie blau sie brennt auf einmal! Ich stelle sie auf den Frisiertisch im Alkoven. Die Tür vom kleinen Vorraum ist aber versperrt, wenn also – doch zu meiner größten Verwunderung öffnet sich bereits die Tür, ich kehre mich rasch der Tür zu – es tritt herein ein sehr großer Mann im Mantel; das flackernde Licht der Lampe zeigt mir ein vollkommen fremdes, sehr bleiches Gesicht, im Gesicht ist eine Wunde oder eine Blutspur, plötzlich beginnt mein Herz so zu schlagen, daß ich mich auf das Schränkchen mit der Hand stützen muß – dieser Mann trägt ja eine – Perücke, wie man sie vor 200 Jahren hatte – und in der Hand – einen geschweiften Hut mit schwarzer und weißer Feder. – Und im Vorwärtsschreiten öffnet sich der Mantel, und ich sehe eine Art rotes Staatskleid, uraltes Staatskleid wie zu – Karls des Sechsten Zeit, und einen Degen. –

Der Blick des Fremden fliegt durchs Zimmer; es ist ein schwarzer, bohrender Blick. Ich sage mir: ‚Du träumst jetzt, daß du Günther siehst.'

Er hat sich bei der Tür verweilt und seinen Mantel heruntergenommen. Da sehe ich das scharlachne Staatskleid genau, es springt von der Taille in weiten, steifen Stößen weg, und über die Brust fällt eine ungeheure Halsbinde mit vielen vergilbten Spitzen. Doch nun schreitet er voran; ich höre kein Wort; ich höre nicht einmal einen Schritt; ich spüre aber einen Geruch wie von frischem Moose, den der an seinem Arm herabhängende Mantel aushaucht; Moos liegt – zu Allerseelen auf den Gräbern! Der Fremde blickt mich jetzt an. Das entstellte Gesicht zeigt seine Jugend und zugleich schweres Leiden an, doch der Ausdruck ist so gütig, daß mein Grauen weicht; gespannt warte ich, was geschieht.

Mit altmodischer Verbeugung und den Hut, den er in der Hand hält, etwas bewegend, grüßt er und ist nun an meinem Frisiertisch, wo die Lampe brennt. Lautlos faltet er den Mantel auseinander und nimmt etwas aus einer Manteltasche heraus. Es scheinen Papiere und ein kleiner Blechkasten zu sein. Mir ist jeden Augenblick, alles ist nicht wirklich, und ich müsse jetzt erwachen, aber ich sehe nun, wie sich der Besucher den Sessel heranrückt, seinen Mantel auf das zweite Bett des Alkovens legt und nun aus dem Blechkästchen ein Tintenglas hervorholt, darin er mit einem – so scheint mir – Stahlstäbchen rührt. Nun höre ich auch seine Stimme, einen gegen den Baß zielenden Bariton; er spricht murmelnd zu sich selbst: ‚Misce attramentum.' Dann setzt er sich nieder und ich beobachte, indem ich kaum zu atmen wage, seine riesige, vierschrötige Gestalt, die sich in diesem kleinen Alkoven wie ein Adler im Stieglitzkäfig ausnimmt. Es ist nicht wirklich, nicht wirklich ... und es ist doch wirklich, nun nimmt er noch eine kurze Kielfeder aus der Blechdose, sowie ein kleines Federmesser, klappt dieses auf und spitzt die Feder. Es ist alles so natürlich, daß es kein Traum sein kann, die Schranken von Zeit und Ort sind niedergeworfen, und Gott hat mein Gebet erhört, und ich weiß, der Gast, der aus dem ewig verhüllten Land zu mir kam, wird mir Gottes Antwort auf meine Frage bringen. Die Ewigkeit hat sich in mein Stübchen heruntergesenkt, das Moos der Gräber duftet, die Hand des Herrn geht vorüber; an dem Tisch im Alkoven sitzt schreibend der Fremde aus versunkener Zeit, und ich knie mich vor meine Lourdesmadonna und bete für ihn, der als Botengänger Gottes, vielleicht auch um Gebet gekommen ist.

Langsam wird eine Helle im Zimmer, ich weiß nicht von welchem Lichtquell, denn die Lampe brennt dunkel und draußen ist es noch finstere

Nacht; ich sehe den Fremden noch immer sitzen und schreiben, sein breiter Rücken mit dem scharlachroten Rock und der herabgebeugte Kopf mit der Allongeperücke bewegen sich so wenig wie ein Wachsbild, doch hört man das emsige, reißende Fahren der Feder über das Papier.

Die Uhr der Wallfahrtskirche schlägt wieder, es sind drei Viertel nach zwölf; im gleichen Augenblick steht der Fremde auf, hält den beschriebenen Bogen nahe ans Licht, wie um die Tinte trocknen zu lassen. Er steht immer abgewendet, ich kann sein Gesicht nicht sehen. – Doch, nun legt er das Blatt wieder auf den Tisch, den das weiße Frisiertuch deckt und auf dem der Klappspiegel steht, und greift nach seinem Mantel, nimmt ihn über den Arm und wendet sich zum Gehen.

Er kommt nun nahe vorbei am Altar, schaudernde Furcht erfaßt mich, ich trete ganz ans Fenster zurück, ich bekreuze mich, denn anders kannst du einen Bürger jenes geheimnisvollen Landes nicht grüßen. Der Fremde aber wendet das Haupt der Gnadenmadonna zu, die das weiße Kleid der Unschuld trägt, und die blaue Schleife der Treue, und auf deren Füßen die goldenen Rosen, die mystischen Rosen blühen; und sieh, nun neigt er das Haupt demütig, tausendmal rührender, als Jesse die Mariahilfermutter grüßte. Günther, auf Erden war sie dir fremd, aber jetzt, auf Sions Bergen, kennst du und liebst du sie; sag an, sehet ihr Seligen sie als Immakulata, wie die kleine Bernadette sie sah? Weil du so ehrfürchtig sie gegrüßt hast?

Das dachte ich, sprach es nicht; denn man spricht nicht mit Bürgern jenes Landes, in das keine Brücke führt als das Gebet.

Mein Besucher aber entfaltete jetzt seinen Mantel und schwang ihn um; und in dem Augenblick glaube ich, die Falten des Mantels erfüllen wie ein plötzlich eintretender Nebel das ganze Zimmer, und zugleich, es seien in dem Zimmer hundert Gestalten, aber selige, mit Flügeln. Ich schloß die Augen und warf mich vor der Madonna nieder, und als ich aufsah, war alles weg; nur die Lampe brannte vor dem Klappspiegel.«

Ein Traum? Auf dem Blatt stand in »altverschnörkelter Schrift« ein Gedicht, dessen Inhalt war: »*Nein! Tue es nicht!*« So die Dichterin in ihrer Aufzeichnung des Erlebnisses.

Dazu hat sich, vom Standpunkt der Wissenschaft, kein Literaturforscher geäußert, wohl aber Sigmund Freud in seiner »Traumdeutung«, wenn er sagt: »Die Alten vor *Aristoteles* haben den Traum bekanntlich nicht für ein Erzeugnis der träumenden Seele gehalten, sondern für eine Eingebung von göttlicher Seite.« Auch bei Enrica von Handel-Mazzetti kann man das in bezug auf ihr Günther-Erlebnis annehmen. Man könnte es sogar auf die meisten ihrer Werke hin annehmen. Allenfalls sollte auch die Freud'sche Sexualtheorie eine Antwort auf dieses Phänomen geben, die aber gegenüber der Dichtung von Enrica von Handel-Mazzetti nichts fruchtet. Auch nicht die Feststellung C. G. Jungs in seinen »Seelenproblemen der Gegenwart«, wo es heißt: »Das psychologische Interesse unserer Zeit erwartet etwas von der Seele, etwas, das die äußere Welt nicht gegeben hat.« Das alles trifft nicht auf die Handel-Mazzetti zu. Sie war eine echte Nonne. Man ist an Gertrud von Le Forts »Letzte am Schafott« gemahnt. Am nächsten im Verständnis ihrer aus dem Erlebnis gewachsenen literarischen Werke ist doch Moriz Enzinger gelangt, wenn er von der Entwicklung des historischen Romans im allgemeinen und dessen Wandlung bis herauf in unsere Zeit schreibt: »Geschichtlicher Roman! Das ist die Etikette. Aber welcher Problematik ist der geschichtliche Roman unterworfen! Ganz abgesehen davon, daß immer die Frage bestehen wird, wann Geschichtlichkeit beginnt und die jeweilige ‚Gegenwart' ablöst, muß man sich stets vor Augen halten, daß ‚geschichtlicher Roman' eigentlich nur ein Stoffgebiet umschreibt und die Stoffe der Vergangenheit, der Geschichte meint, aber sonst nichts weiter aussagt. Denn Haltung, Auffassung, Formung bleibt den weitesten Möglichkeiten überlassen, die denn auch in der verhältnismäßig kurzen Entwicklung des historischen Romans von der Romantik her zu erkennen sind. Denn der geschichtliche Roman des 17. Jahrhunderts war pseudohistorisch, er kannte noch keine geschichtliche Haltung, ja er war so bewußt Maske der Gegenwart, daß er oft in den Schlüsselroman entartete. Mit der Romantik erst setzt die entscheidende Neuwertung des Geschichtlichen ein. Vergangenes ist zunächst aufrüttelndes Vorbild für die geschwächte Gegenwart, bald aber Eigenwert, man greift zum Geschichtlichen aus Freude am Vergangenen um seiner selbst willen mit einer leichten Betonung der ‚guten alten Zeit', also Flucht vor und aus der Gegenwart, vielfach Kennzeichen bürgerlicher Haltung. Dann aber dient Geschichte als Maske für Darstellung von Zeittendenzen, Geschichte als Parallele, nicht mehr als Gegensatz. Dies wird weitgehend die Haltung des Liberalismus, wie vielleicht jeder vorwärtsdrängenden Bewegung. Ob Konrad Bolanden oder Wilhelm Heinrich Riehl oder Felix Dahn schreibt, alle spüren und verwerten in der Geschichte Tendenzen ihrer Zeit, weshalb nicht nur bestimmte Problemkreise, sondern auch bestimmte geschichtliche Gestalten zeitweise in den Brennpunkt des Interesses rücken. Zeitproblematik und persönliche Problematik kann so im geschichtlichen Stoff ihre Prägung suchen. Die Gefahr tendenziöser Behandlung liegt natürlich im geschichtlichen Stoff immer nahe. Denn Geschichte kann mißdeutet, umgebogen, gefälscht und entstellt werden. Immer wieder wird auch der zünftige Historiker vom Standpunkt der Wissenschaft dem Dichter seine ‚Fehler' vors Auge rücken. Denn der geschichtliche Roman stellt eben einmal eine Überschneidung von Wissenschaft und Kunst dar. In der Verwendung des Geschichtlichen sind im Verlaufe der Entwicklung nun die Anforderungen immer strenger geworden. Gab sich die Romantik noch mit der ungefähren Wiedergabe der geschichtlichen Welt zufrieden, so wurde mit dem reichlichen Fließen der geschichtlichen Quellen und mit dem Erstarken der Wirklichkeitsrichtung die Forderung nach Geschichtstreue immer schärfer erhoben. Letztes Ergebnis war dann die Nachahmung geschichtlicher Quellen durch den Dichter, die Chronik, wie das der pommersche Pastor Wilhelm Meinhold versuchte.

Handel-Mazzetti geht bei ihren Geschichtsromanen auf stärkste Intensivierung des Miterlebens aus. Sie greift zum Geschichtlichen, um ihre Problematik in einer objektivierenden Fernung zu gestalten und sie zugleich wieder aufs eindringlichste zu vergegenwärtigen. Nicht Interesse am Stoff der Geschichte an sich, auch nicht einfach an der Geschichtsbewegung, wie etwa in Ricarda Huchs ‚Großem Krieg', nicht Freude an der bunten Welt der Vergangenheit, sondern Erleichterung der Gestaltung im historischen Stoff, so paradox das auch klingen mag, drängt Enrica von Handel-Mazzetti zum historischen Roman. Was sie in Gegenwartsform gab, blaß, schwächlich, konventionell, sie braucht das Geschichtliche, das sie trägt und hebt. ‚Die moderne Sprache beengt mich', gestand sie einmal. Es ist aber nicht nur die moderne Sprache, es ist die moderne Welt, die sie beengt. Sei es, daß sie darin ihr Zentralproblem nicht so leicht gestalten kann, weil das Religiös-Kirchliche in der neuen Zeit aus der Öffentlichkeit immer mehr an den Rand, ins Private abgedrängt wird und eine andere Problematik in den Vordergrund rückt, sei es, daß sie aus einer gewissen persönlichen Scheu heraus fürchtet, sich selbst unmittelbar auszusprechen, wie das im Fall Conrad Ferdinand Meyers war. Dabei ist aber das Barock für die Handel-Mazzetti eher Wesensausdruck als die Renaissance für Conrad

Ferdinand Meyer, der zu dieser seiner Lieblingsepoche mehr im Verhältnis der Ergänzung stand. Scharfe Gegensätzlichkeit, Wucht und große Gebärde, Überhöhung der Wirklichkeit, Farbigkeit und Bewegtheit, das paßte alles besser in die Vergangenheit, in barocke Zeit als in die Gegenwart und wurde in moderner Umgebung erst mit der neuen Schau des Expressionismus und seiner ekstatischen Mittel bewältigt. Dieser Zug zum Pathetischen und Heroischen, der die Handel-Mazzetti zu gewisser Typisierung führt, verleiht ihrer Kunstausübung einen idealistischen Einschlag, der sie von fern an Corneille und Schiller reiht.

Auch Enrica von Handel-Mazzetti hat nun die Gepflogenheit des Geschichtsromans beibehalten, eine erfundene Handlung zu geben und große geschichtliche Ereignisse und Gestalten in den Hintergrund zu stellen. Erst in der ‚Stephana' wird Kaiser Matthias beschworen, und auch da durchaus nicht als Hauptfigur. Für ihre Hauptgestalten wahrt sich die Dichterin das Recht freier Erfindung und Durchbildung. Im ‚Deutschen Helden' wird Erzherzog Karl zum richtenden Gewissen, in ‚Frau Maria' treten August von Sachsen und die Gräfin Aurora von Königsmark auf, in ‚Graf Reichard' Kaiser Leopold I., Rüdiger von Starhemberg, der schon in ‚Die Waxenbergerin' hineinspielte, und sein Sohn. Es sind auch das schließlich immer wieder Gestalten, die nicht zu den eigentlichen Geschichtsträgern zählen und die ohne große Gefahr auch zurecht gebogen und umgeformt werden können. Von bedeutenden historischen Ereignissen, die wirklich dargestellt sind, kommt nur die Belagerung Wiens 1683 in Betracht (‚Waxenbergerin'), alles andere bleibt im Hintergrund, obwohl auf manches angespielt wird und vieles Erwähnung findet, so daß aus solchem Mosaik eindringlichstes Zeitkolorit ersteht. So wahrt sich die Dichterin ihre Freiheit, die sie braucht, um ihre Ideen beleben zu können.

Diese Gestaltung vollzieht sich nun weitgehend mit den Mitteln des geschichtlichen Naturalismus, der selbst in gelehrten Kreisen vielfach Bewunderung erregt. Man ahnt, wie schwierig die Wiederbelebung einer vergangenen Epoche ist, zumal es sich ja nicht um bloße Schilderung, sondern um Darstellung handelt, wie vielfältig schon die Fragen sind, die sich allein bei der Zeichnung der Dingwelt auftun, vom Wohnraum und Möbelstück angefangen bis zur Kleidung, Lebensgewohnheit, Denk- und Sprechweise. Die Handel-Mazzetti versteht es, diese mit höchster Kunst lebendig werden zu lassen. Sie kennt nicht die in Geschichtsromanen häufig übliche tote Milieuschilderung, sie setzt das alles mit der Handlung, mit dem Gespräch in unmittelbare Beziehung. In kleinen Neben- und Zwischenbemerkungen, die man bei der theatralischen Darstellung den szenischen Anmerkungen des Bühnenstückes gleichsetzen könnte, werden die Dinge des Alltags gegeben.

War für Enrica von Handel-Mazzetti die Legende Ausgangspunkt, so war ihr Ziel der große historische Roman, der sich immer mehr dem Geiste der Legende und der Märtyrerakten zuneigt, und nur von der geschichtlichen Umwelt her wird es faßlich, daß die Dichterin nicht auf die Bahn des frühchristlichen Romans gekommen ist, die zunächst ihrer geistigen Haltung entsprochen hätte. Die Eigenart ihres Werkes aber besteht, von aller Kunst der geschichtlichen Verlebendigung abgesehen, wesentlich darin, daß sie mit den Mitteln des am modernen Naturalismus geschulten Romandichters, über die beendende naturalistische Motivierung hinausstrebend, zu einer Form gelangt, die eben stark vom Geiste der Legende bestimmt erscheint. Ihr Werk liegt zwischen Historie und Legende. Das Primäre für ihre Kunstauffassung aber ist die Förderung von Glauben und Sittlichkeit, eine rein ästhetische Einstellung stünde ihrem ganzen Wesen fern, so wie sie Adalbert Stifter fern gestanden hat.

Magna res est caritas. So lautet nach Thomas a Kempis das Motto ihres ersten geschichtlichen Romanes. Die Macht der christlichen Liebe strahlt sieghaft aus allen ihren Büchern. Und gehen ihre Heldinnen auch leiblich zugrunde, sie triumphieren wie Schillers Helden über die Erbärmlichkeit der irdischen Welt, Träger adeliger Ideale, die sie bis zu ihrem Untergang verteidigen und festhalten. Über diesem endlichen Sieg schwindet alles Erdenleid wie Rauch dahin. Aber die Not und die Qual, die Pein des Daseins ist der Preis des Sieges, denn die Dichterin ist sich bewußt, daß nur Opfer und Leid die Grundlagen heldenhafter Überwindung sein können. Und dieses echt christliche Wissen spricht aus jedem ihrer Bücher, nicht nur aus ‚Jesse und Maria', an dessen Schluß das Wort steht: ‚Die Welt hat wollen in Schmerzen erlöst sein.'

Enrica von Handel-Mazzetti hat auf den Frauenroman, und besonders in Österreich, entschieden anregend gewirkt. Nicht nur daß österreichische Literatur nun auch außerhalb Österreichs wieder Beachtung fand, es schloß sich eine ganze Reihe jüngerer Dichterinnen ihr an und bekannte sich zu ihr: Paula Grogger, Juliane von Stockhausen, Dolores Viesér, Maria

Veronika Rubatscher, Fanny Widmer-Pedit, Margarete Seemann. Kriegs- und Nachkriegszeit hat freilich auch Änderungen gebracht. Der historische Roman wandte sich anderen Problemen zu und suchte andere Formen. Enrica von Handel-Mazzettis eigene Romane reichten später an die vor der ‚Stephana Schwertner', die sie in ihrer Blüte geschrieben, trotz allem nicht mehr heran. Sie enttäuschte sogar zuweilen ihre Freunde. Aber ihre Leistung, vor allem ihre geschichtliche Stellung innerhalb der österreichischen und der gesamtdeutschen Literaturentwicklung, hat sie sich gesichert.

Ihre Problematik wurde überholt durch neuere christliche Dichtung: Werner Bergengruen, Gertrud von Le Fort, Graham Greene, Edzard Schaper, Sigrid Undset, Thornton Wilder. Der Kampf geht heute kaum mehr zwischen den Konfessionen, zumal nach dem Zweiten Vatikanum, sondern er geht schlechthin um das Christentum, um Glauben und Unglauben. Und doch verdient Enrica von Handel-Mazzetti ein ehrendes Gedenken als Repräsentantin einer Zeitlage, als Künstlerin des historischen Romans und als Österreicherin, die für ihr Land gearbeitet, gewirkt und gelitten hat.«

Mit dieser sozusagen »historischen« Zusammenfassung hat Moriz Enzinger Weite und Begrenzung des dichterischen Schaffens von Enrica von Handel-Mazzetti auch für die Zukunft ausgesagt. Mehr kann ein Literaturhistoriker wohl nicht.

Dazu sei, der rein nationalen Haltung der Dichterin Enrica von Handel-Mazzetti zufolge, so wenig sie gegenwärtig in der österreichisch-deutschen Literatur auftritt, wachgerufen, was sie in einer kleinen Schrift »Die Heimat meiner Kunst« (Linz 1925) über sich bekannt hat: »Kraft meiner seltsamen Blutmischung lockt mich das Schöne, das Charakteristische an jedem Volkstum, und bis zu einem gewissen Grade kann ich mich in viele Stämme einfühlen; dennoch, die Krone allen Wesens bleibt mir das deutsche Wesen; mein Denken, Sinnen, mein Wort, mein Dichten ist deutsch, und zwar deutsch in österreichischer Prägung.«

Jeder, der sich mit Literatur befaßt, weiß, daß es im Grunde weniger tote Dichter auf Dauer gibt, als man allgemein annimmt. Viele, die gestorben sind, stehen selbst noch nach Jahrhunderten wieder auf, je nachdem nun eine frühere Epoche wieder auflebt. Stets erfolgt eine Wiedergeburt, aber nur aus dem Geist. Am Schlusse sind die Bleibenden sogar die Menschen, die von Dichtern geschaffen wurden. Es könnten also die einen oder anderen sein, die Enrica von Handel-Mazzetti erfunden hat.

IV
Die Adalbert-Stifter-Forschung von Moriz Enzinger

Wir haben es bei diesem Buch im eigentlichen mit einer Darstellung zu tun, die Moriz Enzinger in seiner Bindung an Steyrer Künstler und Dichter vorstellen will. Adalbert Stifter, durchaus kein Steyrer, aber doch ein Oberösterreicher, darf dabei selbstverständlich nicht fehlen. Denn ihm hat Enzinger viele Jahre seines Literaturforschens geschenkt.

Man spricht oft, wenn deutsche und darin fast immer mit eingeschlossen österreichische Literatur am Zug ist, von dem Dreigestirn, der Dreieinigkeit Sauer – Nadler – Enzinger. Das hat, auf Enzinger bezogen, in zweierlei Hinsicht seine Richtigkeit: Moriz Enzinger war Schüler von beiden, und er hat sich – wie Sauer – nicht zuletzt Adalbert Stifters angenommen. Vor allem hat er sich bemüht, das Wesen des Dichters zu ergründen, das soviel verkannt worden ist. Dadurch hat Stifter ja auch, bei aller Anerkennung seines Werkes durch Zeitgenossen und nicht weniger durch ihren Zweifel an ihm als echten Dichter, erst verhältnismäßig spät die Bestätigung gefunden, einer der bedeutendsten Dichter seiner Zeit und weit darüber hinaus sogar bis heute zu sein.

Moriz Enzinger hat entschieden dazu beigetragen. Selbst ein Mann, dem Berühmtheit nichts bedeutet, hat er sich Ruhm durch seine selbstlose, im Dienste der Wissenschaft geleistete Arbeit erworben.

Auch Eugen Thurnher würdigt im Nachruf der Österreichischen Akademie der Wissenschaften diese Stifter-Forschung Enzingers:

»Schon in seiner Innsbrucker Zeit beschäftigte sich Enzinger in steigendem Maße mit Adalbert Stifter. Eine geheime Wahlverwandtschaft verband ihn mit dem Dichter, ein Zug stiller Beschaulichkeit, die in der Erscheinung das Wesen und im Menschen das Göttliche wahrzunehmen vermag. Das befähigte ihn aber zu wissenschaftlichen Einsichten, die bisher der Forschung verborgen geblieben waren, denn alle wahre Erkenntnis setzt Liebe voraus. Sie ist ein Akt innerer Übereinstimmung des Erkennenden mit dem Erkannten. Aus solcher Grundeinstellung sind die vielen Stifter-Arbeiten gewachsen, die in drei großen Büchern ihren Niederschlag gefunden haben: ‚*Adalbert Stifters Studienjahre*‘, Innsbruck 1950, gelten dem

Werden des Dichters zwischen 1818 und 1830, wobei die Anregungen in Kremsmünster, Schullehrplan, Lektürestoff und Freizeitbeschäftigung, und die Erfahrungen mit Rechtsstudium und Gesellschaftsspiel in Wien zu dem späteren dichterischen Werk und der tief religiösen Weltanschauung in einen tragenden Bezug treten; ‚Adalbert Stifter im Urteil seiner Zeit', Graz-Wien-Köln 1968, weist in umfassender Textsammlung die Wirkung auf, die Stifter als Persönlichkeit und als Künstler auf seine Zeitgenossen geübt hat; ‚Gesammelte Aufsätze zu Adalbert Stifter', Wien 1967, gibt in einem Band wieder, was als Ertrag eines langen Gelehrtenlebens gelten darf. Diese Publikationen machten Enzinger zu einem der besten Stifter-Kenner unserer Zeit, der mit der internationalen Forschung in Kontakt stand. So sehr aber Adalbert Stifter in dieser Epoche in den Mittelpunkt rückt, so ist Enzingers Beziehung zur oberösterreichischen Literatur damit keineswegs erschöpft. Text und Kontext müssen zusammen gelesen werden. Schon 1930 gab er ‚Zwei Singspiele' von P. Maurus Lindemayr heraus; die erste wissenschaftliche Würdigung der historischen Erzählkunst Enrica von Handel-Mazzettis gibt der Aufsatz ‚Zwischen Legende und Historie', 1946, dem 1971 die erste umfassende Biographie der Dichterin folgte. In all diesen Studien, die oft feine Kabinettstücke der Darstellung sind, bildet das Land Oberösterreich nicht nur den stummen Hintergrund, sondern steht in abgewogener Kontrapunktik zu geistigen Entscheidungen der jeweiligen Gegenwart.«

In Enzingers »Adalbert Stifters Studienjahre (1818 bis 1830)« lesen wir nun im Kapitel »Die Bedeutung Kremsmünsters für Adalbert Stifter«:

»Die Bedeutung, die Kremsmünster für Adalbert Stifters Entwicklung hatte, wird wohl kaum geleugnet, nur ist der Grad verschieden, den man ihr beimißt. Wenn Günther Müller in verfehlter, später richtiggestellter Annahme, Stifters Werk aus der Spätromantik herleiten wollte und ihn mit der Scholastik in Zusammenhang rückte, die er bei den Kremsmünsterer Benediktinern kennengelernt haben soll, so ist dabei nur richtig gesehen, daß Stifters geistige Wurzeln in Kremsmünster zu suchen sind. Man wird freilich auch Grolman u. a. recht geben müssen, daß man in dieser Hinsicht nicht zu weit gehen dürfe, da ja die Erfahrungen der Jugendjahre, so wichtig und grundlegend sie sind, doch nicht immer schon das Entscheidende bringen. Kremsmünster wurde wegen seiner festen Tradition gerühmt, und was an Berichten aus Stifters Zeit vorliegt, läßt daran denken, daß schon damals ein starker Zusammenhalt als Grundlage mancher Lebensfreundschaft und eine herzliche Anhänglichkeit an diesen Ort der Jugend großgezogen wurde, den viele später als eine Insel in den Wogen der Zeit, als ein Asyl beruhigter Einkehr und Abklärung empfanden. Und so dürfte wohl im allgemeinen stimmen, was Bindtner sagt: ‚Wir besitzen keine besonderen Zeugnisse über diese Eindrücke, wenn wir nicht sein (Stifters) gesamtes Lebenswerk dafür nehmen wollen, denn sie legten den Grund zu seiner ganzen Geistesrichtung und waren entscheidend für die Entfaltung seiner künstlerischen Anlagen.'

Kremsmünster, zwischen dem Flachland südlich der Donau und den Vorbergen der Alpen gelegen, ist ein kleiner Flecken im hügeligen Gelände Oberösterreichs, der vom majestätischen Benediktinerstifte beherrscht wird, das von einer Felsenterrasse weit ins Land blickt. Die anmutige ländliche Umgebung mußte Stifter den Übergang von seiner Heimat erleichtern. Es ist von Wichtigkeit, daß Stifter seine ersten Jugendjahre nicht in der Stadt verbrachte, denn sein schon in der Heimat genährter Natursinn konnte sich in Kremsmünster viel freier entfalten. Hier war noch Natur, bäuerlich gepflegt, breite Felder, kleine und große Wälder, wie etwa der Schacher mit den stimmungsvollen eingebetteten großen Fischteichen, ragende Hügel mit wundervollen Ausblicken auf die Alpen, das Windfeld und der Gusterberg, von deren Höhe man das kahle Tote Gebirge mit dem Priel, dem Warscheneck samt den Ausläufern der Alpen bis zum Staufen bei Salzburg und dem Traunstein bei Gmunden überschaut. Bauerngehöfte, kleine Ortschaften in der Nähe, das liebliche Kremstal, das malerische Kirchberg mit dem schönen alten Friedhof, Schloß Kremsegg und Schloß Achleiten, das Kurbad Hall mit der Jodquelle, all das mußte auf ein junges Gemüt anregend und fördernd wirken.

Und in dieser Umgebung die Welt des alten Stiftes, das 777 gegründet war und das älteste Gymnasium Oberösterreichs beherbergte. Der mächtige, um zwei große Höfe geführte barocke Klosterbau, aus dessen Fenstern man einen herrlichen Blick über das ganze Tal genießt, die zweitürmige Kirche, die Kunstsammlungen in den Räumen des Stiftes, die große Bibliothek, die naturwissenschaftlichen Sammlungen in der Sternwarte, der Guntherteich mit dem Denkmal der Gründung Kremsmünsters, der prunkvolle Kaisersaal, der Fischbehälter, der schöne Stiftsgarten, all das eröffnete dem Knaben eine neue Welt, die sich ihm neben der Schule auftat und ihm Einblick in die Kultur einer großen Vergangenheit bot. So war der

Übergang von der Natur der ländlichen Heimat zur Kultur des Geistes für den Knaben angebahnt, eben durch dieses Beisammensein, wie es sich selten in solch glücklicher Mischung ergeben mag.

Dieses Kremsmünster war aber nun nicht so wie sonst etwa ein Ort mit einem Gymnasium, sondern Stift und Gymnasium beherrschten den Ort nicht nur rein äußerlich, nein, auch geistig und wirtschaftlich. Der kleine bescheidene Marktflecken lebte vom Stift und seiner Schule. Lehrer und Schüler bildeten eine enge Gemeinschaft. Bei aller Freiheit war doch immer die Möglichkeit einer Überwachung gegeben. Nicht nur im Konvikt, auch in Privathäusern, die sich mit der Unterbringung und Verpflegung von Studenten befaßten, war der Student nie allein. Fast immer waren mehrere beisammen, die sich gegenseitig halfen, förderten, Freunde wurden. Hier war wirklich Erziehung noch Umgang, wie das dem späteren Stifter als pädagogisches Ideal vorschwebt. Früh übten sich bessere Schüler im Unterrichten jüngerer, indem sie gegen bescheidenes Entgelt Nachhilfestunden erteilten und lehrend lernten. Einordnung, Unterordnung, Zucht mit Bewußtsein des Zweckes traten dem jungen Menschen überall entgegen und ließen ihn in eine Gemeinschaft hineinwachsen, die das Werden der Persönlichkeit nur fördern konnte. Verständnisvolle Strenge, im Zweifelsfalle aber Milde und Güte, das war das Wesen der Kremsmünsterer Erziehung, die nicht nur die Kräfte des Verstandes, sondern auch Gemüt, Seele und Charakter, eben den ganzen Menschen erfassen und bilden wollte. Es war ein Bildungsideal humaner Art, genährt von benediktinischer und humanistischer Tradition zugleich.

Das Gymnasium, 1549 gegründet, von Benediktinern geleitet, hatte sich genau an die staatlichen Einrichtungen und Vorschriften zu halten, anderes hätte ja dem Zentralismus der franziszeïschen Zeit durchaus widersprochen. Die bestehenden Ansichten über den Schulbetrieb in Kremsmünster sind daher oft irrig und müssen richtiggestellt werden. Wenn nun auch dieselben Unterrichtsvorschriften galten wie an den übrigen Erziehungsanstalten des damaligen Österreich, wenn also in bezug auf den Lehrplan durchaus kein Unterschied bestand, so kann man doch annehmen, daß bei der Durchführung in feinen Abtönungen auch der Genius loci zu seinem Rechte kam.«

Und was hat Moriz Enzinger über »Das Leben Stifters in Kremsmünster« zu sagen? –

»Als der Vater Stifters bei einer seiner Geschäftsfahrten – er betrieb neben seiner bäuerlichen Wirtschaft einen kleinen Flachshandel – am 21. November 1817 zwischen Wels und Lambach beim Gasthause zum ‚Wirt am Berg' erschlagen wurde, war die Zukunft des Jungen eine Zeitlang in Frage gestellt. Aber der mütterliche Großvater Franz Friepeß gab den Gedanken nicht auf, seinem Enkel Adalbert den Weg zur höheren Bildung zu eröffnen, da er schon in der Schule gute Ansätze zu geistiger Tätigkeit gezeigt hatte. Zwar hatte dem Knaben der Kaplan von Oberplan, bei dem er Unterricht in den Anfangsgründen des Latein bekommen hatte, jedes Talent abgesprochen, aber der Großvater glaubte nicht daran: ‚Der Bub ist findig wie ein Vogel und soll das bißchen Latein nicht lernen können! Das glaub ich nicht! Gib mir ihn nur mit!' sagte er zur Mutter, als er im Sommer 1818 in Geschäftsangelegenheiten nach Oberösterreich mußte. In Viechtwang im Almtal, nahe bei Scharnstein, einer Pfarre des Stiftes Kremsmünster, war ein Neffe des Großvaters, Bernhard Koch, Kaplan. Dieser gab eine Empfehlung an P. Romuald Strauss in Kremsmünster mit. P. Romuald aber, der 1818 die zweite Grammatikklasse unterrichten sollte, wies Stifters Großvater an P. Placidus Hall, der im kommenden Schuljahr gerade die erste Grammatikklasse übernahm, nachdem er von seinem Seelsorgeposten in Eggendorf zurückberufen worden war. Ein kurzes Examen, das dem etwas verschüchterten Knaben kaum als solches zum Bewußtsein kam, da P. Placidus es einfach darauf anlegte, den Knaben zum Sprechen zu bringen, brachte die Überzeugung von günstigen geistigen Anlagen, so daß der Professor schließlich zum Großvater meinte: ‚Nun, es ist schon gut, es wird schon gehen; bringt mir nur den Buben zu Allerheiligen wieder' – das hieß zu Schulbeginn. Auf den Einwand des Großvaters bezüglich des Latein, antwortete P. Placidus: ‚Nun, da habt Ihr mir selbst gesagt, daß er nichts weiß. Aber es wird schon gehen; bringt ihn mir nur gewiß.' Als nun der junge Stifter zu Allerheiligen 1818 in Kremsmünster einrückte, wurde er in der Familie des Stiftsamtmannes Johann Mayer mit vier bis fünf anderen Knaben untergebracht und blieb da bis zum Jahre 1824. Stiftsamtmann Mayer wohnte zu ebener Erde links vom Eingang im sogenannten ‚Bräuhaus', das, 1784 erbaut, nie seiner Bestimmung zugeführt und darum für Stiftsbeamte als Wohnung benützt wurde.

Da Stifter erst mit 13 Jahren ans Gymnasium kam, war er etwas älter als die Mehrzahl seiner Klassenkollegen. In den ersten vierzehn Tagen war er schüchtern und hölzern, wozu neben seiner bäuerlichen Herkunft auch das Kleid beigetragen haben mag, das man ihm aus dem Rocke des Vaters geschnitten hatte und dessentwegen er vielfach verspottet wurde. Die Lateinaufgabe, die jeden Freitag gestellt wurde, machte er meist fehlerlos. Als er einmal wegen einer mißglückten Schularbeit zurückgesetzt werden mußte, geschah dies erst an einem Mittwoch und nicht wie sonst an einem Montag. Er blieb nur über Freitag in der dritten Bank (der Donnerstag war schulfrei), denn schon am Samstag verkündete der Professor, Stifter sei wieder der Erste. Der Ehrgeiz des Knaben aber war so groß und die Scham über die Fehlleistung so ungeheuer, daß er sich an jenem Nachmittag angeblich nicht getraute, bei der Portierliesel, die an der Klosterpforte mit Eßwaren und Schularartikeln einen kleinen Handel trieb, vorüberzugehen und lieber den Umweg durch den Klostergarten nahm.

Nach dem ersten Schuljahr konnte Stifter als Preisträger in die Heimat wandern und dem Großvater sein Prämienbuch zeigen, der sich darauf zugute tat, die Fähigkeiten des Jungen richtig eingeschätzt zu haben. Auch in den folgenen Jahren der ‚Grammatik' brachte er als Lohn seines Fleißes immer Prämienbücher nach Hause. Das war damals die vorgeschriebene öffentliche Anerkennung.

Die Preisverteilung wurde in Kremsmünster seit 1814 nach vorausgehendem feierlichen Dankamte und Te Deum im großen Kaisersaale gehalten, dessen Wände mit den Gemälden der deutschen Kaiser aus dem Hause Habsburg von Rudolf I. bis Karl VI. durch den berühmten Barockmaler Martin Altomonte unter Abt Alexander Strasser (1709 bis 1731) geschmückt worden waren.

Bereits im zweiten Schuljahr gab Stifter schwächeren Schülern gegen eine kleine Geldentschädigung Nachhilfeunterricht, bekam wohl auch da und dort Kostplätze und bestritt auf diese Weise seinen Lebensunterhalt selber.

In der sechsten Klasse wurde dann gelegentlich der Feier des Schulschlusses ein Gedicht Stifters öffentlich vorgetragen, worauf der Dichter noch im Alter stolz war. Ignaz Reischl hatte die Aufgabe gestellt, die Gründung Kremsmünsters zu behandeln. Stifters Arbeit ‚Das Freudenfest am Trauerdenkmale' wurde für die beste erklärt, es wurde an ihr nichts mehr geändert, und so wurde sie im September 1824 nach der Preisverteilung vorgetragen, nach der Aussage des Dichters von ihm selbst.

Beim Übergang zur ‚Philosophie', 1824, bezog Stifter eine andere Wohnung bei Frau Weiss, welche aller Wahrscheinlichkeit nach im Hause Nr. 24 rechts von der Straße nach Wels neben dem (früheren) Gemeindehause ihre Wohnung hatte. Es ist wohl das einzige Haus der damaligen Zeit, von dem aus der Blick über die ganze Alpenkette hin in Kremsmünster möglich ist. Das kleine enge Häuschen mit seinen bescheidenen Gemächern steht noch heute (das war 1950, der Verfasser), rückwärts an den Wiesenhang gelehnt, und wendet die Fenster nach dem Süden auf die Kette des Toten Gebirges.

Im Jahre 1824 erkrankte Stifter schwer an den echten Blattern, deren Narben auch weiterhin sein Gesicht entstellten. Frau Gubatta, die Mutter eines Schülers, den er unterrichtete, nahm sich seiner an und wurde von ihm zum Dank mit einem Aquarell von eigener Hand belohnt. Die Blatternerkrankung des ‚Abdias' scheint darin seine Grundlage zu haben und vielleicht hat auch Stifter unter der Entstellung seines Antlitzes gelitten.

Im Jahre 1822 oder 1824 muß Stifter zum erstenmal den Almsee besucht haben, der dann später in den ‚Feldblumen' eine Rolle spielen sollte. Die Vorliebe für Seemotive in seiner Jugendlyrik mag, durch Matthisson und Salis angeregt, durch den Anblick des heimatlichen Plöckensteiner-Sees und des Almsees genährt worden sein. Daß er aber während seiner Studienzeit herumgekommen sei, wird man wegen der Armut des Studenten nicht annehmen dürfen. Immerhin weilte er öfter bei der Familie Koller in Steyr, deren einen Sohn er unterrichtete. (Das ist die Familie, bei der Johann Michael Vogl, der berühmte Opernsänger, ein geborener Steyrer, mit Franz Schubert, dessen Lieder er als erster sang, auch er Absolvent des Kremsmünsterer Stiftsgymnasiums, während der Sommermonate 1819, 1823 und 1825 in ihrem Haus Steyr, Enge Gasse, eingekehrt war und dabei 1819 auch einen Abstecher nach Kremsmünster machte. Der Verfasser.) Stifter kam in den kürzeren Ferien dorthin, wohl weil die Reise nach Oberplan zu weit war, und verbrachte einmal sogar die ganzen langen Ferien dort. Da wurde auch Theater gespielt, Szenen aus der ‚Ahnfrau' und aus dem ‚Don Carlos', Stifter gab den Jaromir und König Philipp, zeigte sich aber als schlechter Deklamator und war auch in seinem Kostüm nicht gerade wählerisch. Trug er doch als König Philipp seine blaugestreiften Alltagsbeinkleider, die eigentlich aus einem Bettzeug gemacht waren. Auch seine in den Farbeneffekten grell übertreibenden Malereien ließen viel zu wünschen übrig, denn ‚mehr als zu ahnen wäre ganz unmöglich gewesen'.

Mit dem Theater dürfte er übrigens schon in Kremsmünster bekannt geworden sein. Das ehemalige Stiftstheater, das in der Art der Jesuitenspiele manches geleistet und noch in späterer Zeit Gäste auch aus der weiteren Umgebung angezogen hatte, hatte freilich 1803 dem neu errichteten Konvikt weichen müssen. Die Einrichtung wurde zerstreut und ging in den Wirren der Franzosenkriege, die auch Kremsmünster nicht verschonten, vielfach verloren. 1812 aber war in einem Privathaus durch einen Kaufmann ein neues Theater zu wohltätigen Zwecken gegründet worden, in dem Stifter vermutlich manche Aufführung sah.

Das mathematisch-naturwissenschaftliche Interesse muß bei ihm schon früh erwacht sein. Später sollen ihn, wie sich aus erhaltenen Schulheften schließen läßt, Logik und Psychologie zu aufmerksamer Menschenbeobachtung veranlaßt haben. Die reichen naturwissenschaftlichen Sammlungen des Stiftes und die Sternwarte dürften sein Verständnis für diese Gebiete vertieft haben. Sicher scheint zu sein, daß Kremsmünster den Grund zur Vorliebe für die Naturwissenschaften gelegt hat und daß er in Marian Koller hierfür einen trefflichen Lehrer fand.

In dem kleinen Orte bedeutete das Stift die Welt der Bildung. Es vermittelte Kunst und Wissenschaft. Stifter, der sich schon in seiner Heimat an Haydns ‚Schöpfung' erfreut hatte, konnte auch in Kremsmünster gute Musik hören. Er erwähnt, daß während seiner Studienzeit Haydns ‚Jahreszeiten' aufgeführt wurden. Und die Jugendeindrücke waren so tief, daß er auch später noch an Haydn und Mozart festhielt, ohne aber Beethovens einsame Größe zu verkennen. Eine Musikschule, die dem Konvikt angegliedert war, gab Gelegenheit zum Erlernen von Violine, Klavier und Gesang. P. Beda Planck war von 1794 bis 1830 Musikdirektor des Stiftes, Musiklehrer am Konvikt war damals Wenzel Wawra (1804 bis 1843). Stifter selbst hatte bereits in Oberplan begonnen, Gesang, Geige und Klarinette zu erlernen. Wieweit er in Kremsmünster sich musikalisch betätigte, ist nicht bekannt.

Auch die Gemäldesammlung des Stiftes bot manche Anregung. Sie bestand aus einem kleinen Gemäldezimmer im zweiten und der eigentlichen Galerie im vierten Stock der Sternwarte, wo sie 1761 aufgestellt worden war.

Die körperliche Ausbildung wurde in Kremsmünster nicht vernachlässigt. Die schöne Umgebung lockte zu Wanderungen, bei denen Stifter den Reiz der Landschaft kennenlernte. Da es Turnunterricht damals nicht gab, blieb sonst freilich nur das Schwimmen übrig, in dem er es zur Fertigkeit brachte, wenngleich eine Schwimmschule erst 1843 errichtet wurde.

Kremsmünster blieb ihm schon wegen seiner landschaftlichen Umgebung in schönster Erinnerung. Wiederholt betonte er das später. ‚In Kremsmünster, das in einer der wundervollsten Gegenden dieser Erde liegt, lernte ich die Alpen kennen, die ein paar Meilen davon im Süden sind. Ich ging von dort (später auch von Wien) sehr oft in das Hochgebirge.' Schon als Knabe mit dem Gefühl für landschaftliche Schönheit begabt, war er, fast immer im Freien lebend, in der Natur des Böhmerwaldes von einer ‚zwar nicht reizenden, aber ruhevollen, schweigsamen, fast epischen Gegend umfangen' gewesen. In Kremsmünster bildete er sich dann zum tüchtigen Fußwanderer aus. Auf die Liebe zur Natur führt er selbst seine Studien über bildende Kunst, namentlich über Malerei, und zwar vorzüglich über Landschaftsmalerei zurück. Seine treue Anhänglichkeit an die Stätte seiner Jugend spiegelt sich besonders deutlich in dem Brief an seinen Zeichenlehrer Riezlmayr...«

Dieser Brief ist am 9. Februar 1839 in Wien geschrieben:

»Wenn Sie sich noch einer Ihrer mittelmäßigsten Schüler erinnern, so gewähren Sie diesem Blatte eine freundliche Aufnahme – es kommt als Bettler. Seit jenen unvergeßlichen Tagen der frühesten Jugend, die ich in Kremsmünster verlebte, und die ich unbedenklich die schönsten nennen kann, weil sie die reinsten waren – seit jenen Tagen hat mich eine mir damals zugeführte Grazie keinen Augenblick verlassen: *die Liebe zur Kunst*, und sie wird mir teuer bleiben, bis ich sterbe; denn sie allein hat ausgehalten, wenn auch Liebe, Freundschaft, Ehrgeiz, Tatenlust, alles log und floh. Insbesondere zeigte sich ihre Macht, als ich im Herbste 1837 bei Mariabrunn mir durch eine Verkühlung eine Entzündung der Hälse des Hüftnervens zuzog und an das Zimmer gefesselt wurde und in dem Augenblick noch nicht ganz befreit bin. Dies zog mich so von außen ab, daß ich mitten in dem lärmenden Wien auf einer einsamen poetischen Insel lebe und Träume von glänzenden Wolken, blauen Bergen, schimmernden Wässern, sonnigen Felsen, duftigen Wäldern etc. etc. – gebäre – ich arbeite diese Zeit her tüchtig und wie mit der Leidenschaft der ersten Liebe, und wenn ein Schritt gelang, ward der zweite gewagt und hunderte projektiert – ich maß mich an den höchsten Mustern, studierte sie und liebte sie – und darf jetzt ohne Anmaßung gestehen, daß ich über die Mittelmäßigkeit hinaus bin – aber ich bin noch nie öffentlich mit etwas aufgetreten, was ich auch noch einige Zeit nicht tun will. Mitten in den schönen Gefühlen, mit welchen die Natur ihre Verehrer belohnt, trat nun desto lebhafter das Bild jener Zeit vor und jenes Mannes, der es zuerst anregte, und selbst wenn es nicht Ihr achtenswerter Charakter verdiente, schon deshalb würde ich Ihnen stets die größte Liebe und Dankbarkeit widmen.

Aber auch einen anderen Gedanken zog ich unter diesen Arbeiten groß, nämlich ein *Ölgemälde als Andenken für die Kremsmünsterer Zeichenschule zu malen und dort aufzuhängen*, und das ist eigentlich der Zweck dieser langen Epistel, Sie zu fragen und hierin um Rat zu bitten, ob es nicht als Dünkel und Anmaßung könnte ausgelegt werden, ob es überhaupt an der Zeit sei und dem Orte angemessen etc.

Was den malerischen Wert anlangt, so getraue ich es mir besser zu machen als das von *Otto Müller* zu meiner Zeit gesendete Abendstück, was in den Vordergründen kleinlich und naturwidrig gehalten ist und selbst in den Mittel- und Hintertönen bloße Farbeneffekte hat – aber nicht um zu figurieren, sondern als anspruchsloses Zeichen meiner dankbaren Erinnerung möchte ich es der Anstalt senden und daher eine gutmütige Aufnahme erwarten. Tun Sie mir die Freundschaft und schreiben Sie mir hierüber Ihren Rat, nach dem ich mich gänzlich richten werde, ich bitte aber, die Sache höchstens ein oder dem andern, dessen Meinung Sie einholen wollen, zu offenbaren, da doch noch einige Zeit vergehen dürfte, bis dieselbe ins Werk gestellt wird, *wenn* es nach Ihrer Meinung geschehen kann.

Freilich hinkt jetzt noch eine Bitte nach; nämlich ob Sie nicht etwa die Güte haben könnten, falls Sie derlei besitzen, eine Ansicht von *Kremsmünster*, und wenn sie auch nur mit dem Bleistift hingeworfen ist, mir zukommen zu lassen, ich würde mir selbe in Öl malen und auf ewig in mein Schlafzimmer hängen, weil meine Erinnerung und Jugendliebe so sehr an diesem Ort hängt, am liebsten wäre mir eine Ansicht gegen das Gebirge, etwa von Kirchberg aus oder von Kremseck aus. Dies und allenfalls auch jene Ansicht von Kirchdorf gegen die Steinmauer mit den vielen Bäumen und dem Wege im Vordergrunde würde mich sehr freuen. Wer weiß, ob ich je so gesund werde, die Reise machen zu können, um mir diese Bilder an Ort und Stelle zu entwerfen. Es ist kein anderer Zweck, als daß ich diese Bilder in meinem Zimmer habe. Antworten Sie mir gütig und bald ...«

Und was hat uns Moriz Enzinger am Ende seines Kapitels »Das Leben Adalbert Stifter in Kremsmünster« in seinem Buch von »Adalbert Stifters Studienjahren (1818 bis 1830)« noch wissen lassen?

»In dem stillen, geordneten, milde geleiteten Leben seiner Studienjahre hat Stifter selbst später seine schönste Zeit erblickt. Seit jenen unvergeßlichen Tagen der frühesten Jugend, die ich in Kremsmünster verlebte und die ich undenklich die schönsten nennen kann, weil sie die reinsten waren.« So schrieb er ja an seinen Lehrer Riezlmayr; es sei wiederholt, weil es kaum ein tieferes Wort geben kann, das ein Mann nach vielen Jahren in der Erinnerung an seine Jugend niederschreiben kann, und auch kein glücklicheres.

Moriz Enzinger hat daran noch diese Sätze zum Abschluß angefügt: »Auch später kommt er noch öfter auf die glückliche Zeit, die er in der Jugend in Oberösterreich verlebte, zurück. Er betont, daß er ‚die schönsten Gefühle der Wahrhaftigkeit, der Gerechtigkeit und Heiterkeit' P. Placidus Hall verdanke. Noch im Alter gesteht er zweimal, daß er schon in der Jugend nach Einklang und Abrundung strebte, ‚nach Klarheit in den Dingen, später nach Klarheit in mir'. Dieses Streben aber wurde durch die zuchtvolle klare Haltung der Studienjahre sicherlich ausgebildet und gefördert. Kremsmünster hat auf Stifter, der sich nie gegen die Schule auflehnte, in weitestem Umfange gewirkt und auch in seiner Dichtung manche Spuren dankbarer Erinnerung hinterlassen.«

Aber wie hätte Moriz Enzinger vergessen können, P. Placidus Hall in diesem Stifter-Buch ein Gedenken zu weihen! . . .

»Am wichtigsten von seinen Lehrern wurden für Stifter aber seine Klassenlehrer in der ‚Grammatik' P. Placidus Hall und in der ‚Humanität' P. Ignaz Reichl.

P. Placidus Hall war am 13. Jänner 1774 in Kaplitz in Böhmen geboren, wo sein Vater Anton Hall Organist und Schullehrer war. Der Vater stand dem Pfarrer Ferdinand Kindermann bei der Organisierung der Schule nach aufgeklärten Standpunkten zur Seite und wurde später zum Musterlehrer erhoben. Die Mutter Theresia war die Tochter des Kaplitzer Postmeisters und seit 11. Juli 1772 mit Anton Hall vermählt. Der Sohn erhielt den Namen Anton Franz Josef. 1775 wurde der Vater nach Hohenfurt versetzt. Der Knabe kam nach dem Anfangsunterricht zum Besuche der höheren Schulen nach Prag, wo er bei seinem Onkel lebte, der im Gräflich-Lazanskyschen Hause als Hofmeister tätig war. Während einer Krankheit wurde Hall vom Starrkrampf befallen und für tot gehalten. Zur Wiederherstellung ins Spital der Barmherzigen Brüder nach Linz gebracht, genas er schließlich nach schweren neuerlichen Krankheitsausbrüchen, setzte in Linz und Wels seine Gymnasialstudien fort und war, um sich seinen Lebensunterhalt zu erwerben, zugleich als Hauslehrer beschäftigt. Da er während seiner schweren Erkrankung für den Fall der Genesung gelobt hatte, Mönch zu werden, trat er am 29. September 1800 in das Stift Kremsmünster ein und wurde 1805 zum Priester geweiht. Von 1806 bis 1816 unterrichtete er in den Grammatikklassen, stets nur in den ersten vier Klassen. Seine Methode im Lateinunterricht wurde so gerühmt, daß man seinen Schülern wegen ihrer Kenntnisse in der lateinischen Sprache den Ehrennamen ‚Placidaner' gab. 1809 hat Placidus Hall während der Franzoseneinfälle vorübergehend die Pfarre Thalheim bei Wels versehen, da er sehr gut französisch sprach, befreite unter Lebensgefahr österreichische Gefangene aus der Hand der Franzosen und floh mit ihnen unter dem feindlichen Kugelregen über die halbzerstörte Traunbrücke. Für sein patriotisches Verhalten und für seine aufopfernde Tätigkeit im Lehramt wurde er 1817 mit der goldenen Verdienstmedaille ausgezeichnet. 1816 bis 1818 war er Pfarrer in Eggendorf bei Kremsmünster, 1818 bis 1825/26 wieder Lehrer am Stiftsgymnasium, wo nun Stifter sein Schüler wurde. 1826 bis 1833 war er dann Pfarrer in Fischlham, 1833 bis 1843 in Grünau im Almtal, 1842 bis 1851 in Pfarrkirchen bei Bad Hall. Er machte wiederholt große Reisen durch Österreich, Ungarn, Deutschland, die Schweiz und Italien. Am 2. Mai 1853 ist er gestorben.

Seinem Klosternamen Placidus trachtete er nachzuleben. Er war die Milde und Güte selbst. Die jungen Studenten ließ er zu sich aufs Zimmer kommen, beschenkte sie mit Kleinigkeiten, half ihnen in verschiedenen Anliegen und war vielen, wie auch Stifter, ein wahrhaft väterlicher Freund und Berater. Als Pfarrer soll er seine besondere Liebe zu Kindern dadurch bewiesen haben, daß er sie im Kirchengesang unterrichtete und den Armen Geschenke gab, die er sich absparte, so daß er oft selbst nichts hatte. Stifter erwähnt ihn in jedem Briefe, in dem er auf seine Studienzeit zu sprechen kommt. Ihm schreibt er vor allem seinen Fortgang in der Schule zu: ‚Den vorzüglichsten, wenn nicht allen Teil in meinem Fortgang verdanke ich meinem Professor in den Grammatikalklassen, dem Benediktiner Placidus

Hall, der sich meiner annahm, weil er einige Anlage in mir zu entdecken meinte, mich selbst neben anderen Zöglingen zu sich auf sein Zimmer gehen ließ, mich ermunterte, mich im Zügel hielt, wenn mich mein zu lebhaftes Wesen fortreißen wollte, und mich endlich so lieb gewann, daß er fast mehr als väterlich für mich sorgte. Ich kann nur mit größter Liebe und Ehrerbietung an diesen Mann denken.' Im Sommer 1846 besuchte er seinen ehemaligen betagten Lehrer als Pfarrer in Pfarrkirchen bei Bad Hall. Es ist aber nicht richtig, wenn Bindtner meint, Stifter habe 1832 ‚seine Kirche und sein Pfarrhaus in Pfarrkirchen in Öl' gemalt, da Placidus Hall damals dort noch nicht Pfarrer war.

Er hat vielleicht für die Gestalt des ‚Armen Wohltäters' einige Wesenszüge beigesteuert, doch war der Pfarrer in der ersten Fassung 1847 als Protestant gezeichnet. Es wäre aber denkbar, daß Stifter bei der Umarbeitung für den ‚Kalkstein' der ‚Bunten Steine' 1853 diese Gestalt der selbstentäußernden Bedürfnislosigkeit und aufopfernden Fürsorge für guten Schulunterricht in Hinblick auf seinen ehemaligen Lehrer zu einem katholischen Geistlichen machte, obwohl damit das Motiv der Ehelosigkeit an Bedeutung verlor. Mögen auch die persönlichen Schicksale des armen Pfarrers mit denen des P. Placidus nichts zu tun haben, so lassen doch die Charakterzüge weitgehend an den stets verehrten und geliebten Lehrer denken.«

Und nun welche Wiederkehr! Seit Jahren ist Pater Thomas Eckerstorfer Pfarrer von Pfarrkirchen bei Bad Hall, ein würdiger Nachfolger des P. Placidus. Als blutjunger Mensch mußte er in den Krieg, den Zweiten Weltkrieg. Er hat unter Rommel in Afrika gedient und ist nach seiner Heimkehr bei den Benediktinern in Kremsmünster, ein Sohn dieses Marktes an der Krems, eingetreten und nach verschiedenen Kaplanstellen in Kirchen des Stiftes als Pfarrer nach Pfarrkirchen beordert worden. Neben seiner Seelsorge ein Freund der Kunst und Literatur, ist er über dem Gedenken an P. Placidus, dessen Grabtafel an der Außenmauer der Pfarrkirchener Kirche noch an den Lehrer Stifters erinnert, auch den lebenden Dichtern aufgeschlossen. Im Herbst 1981 kamen Schriftsteller aus Deutschland, Slowenien, Südtirol und Österreich zur 17. Alpenländischen Begegnung nach Klaus an der Pyhrnbahn. In einer kleinen Feier in der stimmungsvollen ehemalig gotischen Kirche von Pfarrkirchen, die im 18. Jahrhundert zu einer schönen Rokokokirche umgebaut wurde, erzählte Pater Thomas

Eckerstorfer über Pater Placidus Hall, worauf aus dem Kreis der Dichter Anton Schreiegg mit einem eigenen Gedicht dankte, gleichsam einem Gebet zum Lobe und Preis eines Gottesmannes, den nachzuahmen auch heute geboten ist.

Daß Moriz Enzinger sein Stifter-Buch »Ein Dichterleben aus dem alten Österreich« als Sammlung ausgewählter Briefe des Dichters herausgegeben hat, sollte ihn uns als Stifter-Forscher besonders nahebringen. Briefe schließen stets ihren Schreiber auf, besonders in Briefen an Freunde gibt sich ein Mensch wie er ist, das heißt, was in seinem Inneren vorgeht. Sogar auf Rainer Maria Rilke trifft dies zu, der mit seinen Briefen einen Kult getrieben hat durch ein ständiges Feilen an den Sätzen, so wie Friedrich Nietzsche es einmal gefordert hat als ähnliche Arbeit des Bildhauers an einer Marmorsäule, bis sie eben die wunderbare Rundung habe, die sie verlangt. Adalbert Stifter war, bei aller Sorgfalt gegenüber seiner Prosa, gewiß kein solcher Briefschreiber, und so kommt er dem Leser umso eher als Mensch entgegen. Das dürfte sogar noch höher zu schätzen sein. Moriz Enzinger hat das an Stifter gerühmt. Ob er allerdings mit seinem ersten Satz im Vorwort seines Stifterschen »Dichterleben« rechthat, ist fraglich: »Mit Briefausgaben ist es wie mit den großen Gesamtausgaben unserer Dichter: sie werden selten ganz gelesen«. In letzter Zeit dürfte, was die Briefe betrifft, ein Wandel vor sich gegangen sein. Man liest Briefe wieder als die aufrichtigsten Selbstcharakteristiken, die es gibt, auch wenn sie »frisiert« sind. Denn da entblößen sie das wirkliche Wesen eines Menschen umso mehr. Aber Enzinger meint es ohnehin so: ein Dichter gibt mit Briefen sein Eigenerlebnis preis, wie es ja auch Goethe in allen seinen Schriften getan hat. Trotz eines ungeheuern Wandels der menschlichen Seele seit seinem Tod weckt er immer noch unsere innere Anteilnahme an seinem Werk, darin Briefe und Tagebuchblätter keine geringe Rolle spielen. Man muß nur Geduld haben, zwischen den Zeilen zu lesen. Enzinger schreibt so: »Nicht jeder Dichter ist auch ein Briefschreiber, Stifter aber war es in hervorragendem Maße. Alles, was ihn bewegte, seine persönlichen Anliegen, Freud und Leid, Lust und Qual des Schaffens, fanden in seinen Briefen den Niederschlag, ja mancher Gedanke, manche Idee, die in seinen Dichtungen Gestalt gewann, begegnet hier in ihrer schlichten Form, so daß ein reizvolles Wechselspiel zwischen Brief und Dichtung entsteht.«

Vielleicht ist der folgende Brief an seine Frau Amalia beispielhaft...

Lackenhäuser, 14. Juni 1866

Meine innigstgeliebte, teuerste Gattin!
Denke nur, was Du mir für ein heidnisches Geld kostest. Wenn ich mit all den Buchstaben, die ich an Dich auf das Papier trage, andere Dinge schriebe und drucken ließe, wie viele hundert Gulden flögen da in das Haus; und dennoch kann ich es nicht lassen, ich gehe alle Male wieder an das Papier, um an Dich zu schreiben, und breche alle Gelegenheiten vom Zaune, um es tun zu können. Leider geht hiedurch auch Zeit für das Malen der hiesigen Waldansicht verloren, und ich komme dadurch später nach Hause und vor Deine geliebten Augen. Aber diese geliebten Augen sollen auch eine Freude an dem Bilde haben, das allein für sie entsteht. Ist es nicht töricht, ich alter Mann schreibe an eine Gattin, die mir vor neunundzwanzig Jahren angetraut worden war, Liebesbriefe, wie sie kaum ein Jüngling an seine holde Braut schreibt. Gott besser's! Aber er wird es hoffentlich nicht bessern, und es wird immer ärger werden. Was weiß auch so ein gelbschnabliger Jüngling, der in die roten Lippen und in die braunen Augen eines Mädchens vernarrt ist, von der Güte, Treue, Rechtschaffenheit und Unwandelbarkeit eines Herzens, das man neunundzwanzig Jahre haben muß, das recht wie Stein und Bein in unser eigenes Herz hineinwächst. Darum wird die Liebe in dem noch höheren Alter noch höher werden. Ich bitte Dich, sieh auf Deine Gesundheit, bewahre Dein Leben für mich, wie ich das meine für Dich bewahre. Gott hat uns in der Gegenseitigkeit unserer Herzen ein großes Glück gegeben. Wenn Du, närrisches, wunderliches Weib, nicht »keppeltest« (wie ich den Ausdruck habe), weil mein Rockkragen verbogen ist, weil ich die alte Weste anhabe, weil sonst etwas nicht ganz genau ist, welches Himmelreich hätten wir. Aber »kepple« nur und ertrag dann auch, wenn ich »brumme« und lasse uns noch fünfzig Jahre keppeln und brummen.

Schließen wir »Die Adalbert-Stifter-Forschung« von Moriz Enzinger mit dem Hinweis auf seinen ausführlichen Aufsatz »Die Welt der Sterne bei Adalbert Stifter«, der Stifters Weltanschauung im Zusammenhang mit dessen geplanten Johannes-Kepler-Roman darlegt, wie er in den »Gesammelten Aufsätzen zu Adalbert Stifter« zu finden ist, ein wesentlicher Beitrag zur Charakteristik des *Dichters* Stifter. Dort nachzulesen lohnt sich. Aus dem von Enzinger herausgegebenen »Mahn- und Trost-Büchlein, geschöpft aus Adalbert Stifter« aber sei noch der Abschnitt aus dem »Nachsommer« entnommen, der uns den schöpferischen Menschen aufschließt, wie er ist und wie er – sein soll...

»Der wahre Künstler stellt sich die Frage gar nicht, ob sein Werk verstanden werden wird oder nicht. Ihm ist klar und schön vor Augen, was er bildet, wie sollte er meinen, daß reine, unbeschädigte Augen es nicht sehen?... Woher käme denn sonst die Erscheinung, daß einer ein herrliches Werk macht, das seine Mitwelt nicht ergreift? Er wundert sich, weil er eines andern Glauben war. Es sind dies die Größten, welche ihrem Volke vorangehen und auf einer Höhe der Gefühle und Gedanken stehen, zu der sie ihre Welt erst durch ihre Werke führen müssen. Nach Jahrzehnten denkt und fühlt man wie jene Künstler, und man begreift nicht, wie sie konnten mißverstanden werden. Aber man hat durch diese Künstler erst so denken und fühlen gelernt. Daher die Erscheinung, daß gerade die größten Menschen die naivsten sind.«

Insofern ergibt sich über Adalbert Stifters ethische Wirkung auf unsere Zeit, was Moriz Enzinger am Schluß seines Aufsatzes »Adalbert Stifter in seiner und unserer Zeit« zusammenfassend so erklärt: »In dreifacher Hinsicht, und doch eigentlich nur in einer, wirkt Stifter in unsere Zeit: Mit seiner Naturverbundenheit, mit seinem Menschenbild und mit seinem Glauben an das Ganze, in dem alles sinnvoll und zweckvoll ist und das über dem einzelnen steht, ihn hält und trägt. Es ist ein Optimismus, der letztlich Leibniz und dessen christlichem Untergrund verpflichtet ist, eine Theodizee, als Halt und Stütze im Strudel der Zeit. In seiner Kunst aber ist dieser Glaube Gestalt geworden, in jenen verhaltenen feinen Erzählungen, in denen Menschen ihr Schicksal tragen und überwinden, bis zu jener abgeklärten, herbstgoldenen Schönheitswelt des ‚Nachsommers' und dem gewaltigen Geschichtsepos ‚Witiko'. Was seiner Zeit als zeitfremd und idealisiert erschien, das hat die Zeit überdauert, während vieles um ihn ins Wesenlose versank. Denn es war Schöpfung eines Menschen, aus Sehnsucht nach dem Hohen geboren, und nicht Abklatsch einer dürftigen Wirklichkeit.

Unter Stifters Namen haben sich die aus seiner Heimat Vertriebenen wieder gefunden. Unter seinem Namen finden sich auch die, die die Heimat der Seele und des Geistes gefährdet fühlen und denen er noch Heimat bedeutet. So ist er zu einem Rufer in die Zeit geworden, er, der schon seiner Zeit, als sie oberflächlich und seicht zu werden begann, den hohen Ernst der Kunst und die große Aufgabe des Dichters vor Augen hielt. Er hat den Auftrag erfüllt, wie ihn Franz Grillparzer in seiner ‚Rede am Grabe Beethovens bei Enthüllung des Denksteines' im November 1827 mit den Worten umschrieben hat:

‚Darum sind ja von jeher Dichter gewesen und Helden, Sänger und Gotterleuchtete, daß an ihnen die armen zerrütteten Menschen sich aufrichten, ihres Ursprungs gedenken und ihres Zieles.'«

V
Begegnungen Moriz Enzingers mit der Kunst

Die Kunst ist immer seine Sehnsucht gewesen. So hat die Witwe nach Moriz Enzinger, Frau Dina Enzinger, Jahre nach seinem Tod in einem längeren Gespräch gesagt. Als Gymnasiast hat er Verse geschrieben; aber welcher Schüler eines humanistischen Gymnasiums hat das nicht getan. Er hat auch gezeichnet und gemalt. Die noch bäuerliche Gegend rund um Kremsmünster, eine der wenigen in Oberösterreich, die bisher von der Industrie im großen und ganzen verschont geblieben ist, hat ihn angeregt, vielleicht auch die Aura Adalbert Stifters, der das berühmte Benediktinergymnasium so lange vor ihm durchlaufen hat. Aber die Anregung dürfte aus ihm selbst gekommen sein. Daß er später ganz zu dem Dichter fand, kam wohl von seiner Natur, die ähnlich wie die Stifters von der einzigartigen Landschaft mit ihren Wellenlinien ungemein berührt war. Auch machte er in dieser reinen Luft einen Gesundungsprozeß durch, der ihn zur Kunst hingeführt haben mag, der er von Anfang an aufgeschlossen war. Nicht weit von Kremsmünster war Anton Bruckner geboren, dessen Kinder- und Jugenderlebnisse in Ansfelden ganz unmittelbar die schönen und ermunternden Jahre einer Dorfkindheit gewesen sind, für jeden Heranwachsenden ein Gesundbrunnen, der aber erst in der Rückschau, bei einem Leben in einer großen Stadt, verstanden wird.

Nun mußte es doch so kommen, daß Moriz Enzinger ohne diese Liebe zur Kunst nicht der Literaturforscher, also Wissenschafter hätte werden können, der er ist. Es ist eigenartig, daß man Wissenschaft und Kunst in einem Atemzug nennt, aber keinesfalls sich einen Wissenschafter wünscht, der auch Künstler ist oder sein will. Es wirft sich die stets gemiedene Frage unabweisbar auf, warum denn gerade bei einem Literaturforscher eine künstlerische Betätigung in ihrer Wirkung auf seine wissenschaftliche Arbeit nicht gut sein soll. Gerade er muß doch viel, wenn nicht alles vom Entstehen der Kunst, des Kunstwerkes verstehen, und das kann er nur, wenn er den schöpferischen Prozeß in sich hat und ihn nicht erst vom Verstand her – der natürlich nicht ausgeschlossen sein kann – mühsam konstruieren muß. Man braucht ja nur auf die Ärzte zu sehen. Viele, ja die meisten sind gute Musiker, auch Maler. Kein Mensch sagt ihnen da nach, daß sie in diesem Fall schlechte Mediziner sind. Im Gegenteil! Sie sind dann, wie zu bemerken ist, gegenüber ihren Patienten noch mehr aufnahmebereit. Die ausgeübte Kunst ist für den Menschen überhaupt ein Regler, ja, es genügt oft schon, wenn sich der Mensch nur theoretisch beschäftigt, falls er keine Begabung für eine ihrer Sparten Dichtung, Musik, Malerei oder Bildhauerei hat.

Moriz Enzinger ist in späteren Jahren, obwohl durch sein Lehramt mehr als ausgelastet, als ausübender Musiker der Kunst nahe geblieben. In den zwanziger Jahren hat er sich noch stärker mit Grafik und Malerei beschäftigt – ähnlich wie Stifter mit der Aquarell- und Ölmalerei – und dabei sind ihm neben vielen anderen hervorragend gezeichnete Porträts und künstlerisch hochwertige Scherenschnitte gelungen, die wiederum von Dichtung und vor allem von der Musik angeregt wurden, so »Der Tod und das Mädchen«, »Bacchantischer Jubel«, hier bereits aus dem Tanz geschöpft wie auch »Salome« und »Totentanz«, alle von einer Lebendigkeit in der Bewegung und von einer Eleganz in der Körperhaltung der Gestalten wie bei »Morgentoilette«; sie lassen einen bildnerischen Künstler von großer Innerlichkeit erkennen. Ohne sie wären solche grafischen Arbeiten keine künstlerischen. Diese Hingabe an die Kunst hat ihn auch früh zu Michael Blümelhuber geführt. Wenn er bei ihm seine wissenschaftliche Verpflichtung nicht vergaß und an den Dichtungen des Stahlschnittmeisters *sein* Maß nahm, immer im Versuch, dem Manne, der als einer der ersten an den Stahlblock bis an sein Inneres herangegangen, eine Richtung zu weisen, die dessen literarischem Talent entgegen kam. Das erleichterte Michael Blümelhuber sicherlich das literarische Schaffen, ohne daß er dabei seine Art hätte ändern müssen, was ihm freilich auch nie gelungen wäre. Aber genutzt hat es, besonders in der Form. Das kann auch nur dann gelingen, wenn der Kritiker es versteht, auf den Künstler und seinen Impetus zu horchen, der bei Blümelhuber, so wenig sich das mit seiner langen Arbeitszeit bei jedem Stück vertrug, ein stürmischer und daher auch schwer von außen zu bändigender war. Das ist auch stets bei anderen Künstlern, besonders Dichtern, denen Moriz Enzinger verbunden war, festzustellen: sie alle haben immer von seiner Einstellung, seiner Art, Literatur zu analysieren, auch die der Lebenden, die unerhört schwer einzusehen ist, einen Gewinn gehabt. Im Geburtswunsch Heimito von Doderers zum Siebziger Enzingers heißt es geradezu für alle Schriftsteller:

Hochverehrter Herr Professor, in eine ländliche Stille, in Niederbayern, wo ich die Festtage verbrachte, ist mir Ihr so reizender literarischer Gruß nachgekommen: und Ihre lieben Wünsche vor allem kann ich erst jetzt erwidern, während das junge Jahr schon vorschreitet – ich tu' es von Herzen, und für Ihr ganzes Haus! Endete 1961 für Sie als Ernte eines Lebens mit reichen Ehrungen: so möge 1962 Ihnen raschen und entscheidenden, neuen Fortschritt in Ihrer Arbeit bringen. Damit wir was lernen mögen, so wie ich jetzt aus Ihrer Abhandlung über Stifter und die althochdeutsche Literatur. Sie werden, Hochverehrter, uns schon noch Gelegenheit dazu geben, den jungen Studenten sowohl wie den alten, wie ich einer bin, der es auch zu bleiben gedenkt. Als solcher grüße ich Sie und Ihre Damen als Ihr ganz ergebener

Heimito Doderer
3. Januar 1962

Wien 12. Aug. 66.

Sehr verehrter und lieber Herr Professor!

Lassen Sie mich den schönen Tag, den Sie begehen, auch herzlichsten Gedanken, mit wärmsten Wünschen für Segen und Tätigkeit begrüßen! Ich könnte es nicht ohne Dankesworte für vielen Guten, das mir von Ihren Schriften seit mir lange! gekommen ist. — und auch für das gute Gefühl, das ich, auch seit so lange! haben darf: daß Sie meine bürgerlichen Arbeiten anerkennen, mein Schaffen sehr freundlich begleiten und an meine Kunst glauben. Ja, dank dafür und die bitte und Hoffnung daß Sie es mir erhalten und ich es mit dem Herzen noch zu Leistenden weiter erwerbe. Ich grüße Sie in schönsten Gedanken — Ihnen und Ihrem Hause verehrungsvoll ergeben

alß

Ihr Klell.

Eine ehrliche Anerkennung, wer Doderer gekannt hat, die unbestechliche wissenschaftliche Arbeit bestätigt. Sie mag Moriz Enzinger besonders gefreut haben; denn sie hebt ihn aus der Reihe der Literatur*historiker* heraus, deren Hauptaufgabe es ja ist, sich mit verstorbenen Schriftstellern und Dichtern, weniger mit lebenden zu beschäftigen.

Fünf Jahre später hat sich Max Mell bei Moriz Enzinger mit Dank eingestellt. Er schreibt da:

Wien, 12. Dez. 66

Sehr verehrter und lieber Herr Professor!

Lassen Sie mich den festlichen Tag, den Sie begehen, aus herzlichsten Gedanken, mit wärmsten Wünschen für Ergehen und Tätigkeit begrüßen! Ich könnte es nicht ohne Dankesworte für vielen Gewinn, der mir von Ihren Schriften seit wie lange! gekommen ist – wie auch für das gute Gefühl, das ich, auch seit so lange! haben darf: daß Sie meine künstlerischen Arbeiten anerkennen, mein Schaffen sehr freundlich begleiten und an meine Kunst glauben. Im Dank dafür sind die Bitte und Hoffnung, daß Sie es mir erhalten und ich es mit dem etwa noch zu Leistenden weiter erringe. Ich grüße Sie in festlichem Gedenken – Ihnen und Ihrem Hause verehrungsvoll ergeben

als Ihr

Max Mell

Diesen Glauben konnte Moriz Enzinger nicht nur durch seine gründliche Ausbildung bei Sauer und Nadler in den Dienst der Wissenschaft stellen, sondern auch durch seine stille künstlerische Arbeit, der er sich, soviel man weiß, in den späteren Jahren nur noch in Gedanken hingeben durfte. Sieht man die Liste seiner wissenschaftlichen Bücher und Schriften an, die in diesem Buch nicht fehlen soll, so bedarf es keiner weiteren Frage, warum er denn nicht wenigstens sein zeichnerisches Talent etwa nach seiner Emeritierung weiter verfolgt hat. Während seiner Lehrtätigkeit war ihm manch angefangenes Werk liegen geblieben, das nun zu Ende gebracht werden mußte. Bis an seinen Tod war er aber ein Freund der schöpferischen Künstler, vorzüglich der Dichter. So hat er auch mit zeitgenössischen Schriftstellern und Dichtern brieflich Gedanken ausgetauscht, neben den beiden Genannten auch mit Paula Molden-Preradovic, Friedrich Schreyvogl, Felix Braun, Franz Theodor Csokor. Ein Brief Schreyvogls zum Beispiel geht auf Enzingers Handel-Mazzetti-Schrift ein: »Ich habe Ihre meisterliche Arbeit in einem Zug gelesen. Als ich in die Redaktion und in den Herausgeberkreis des ‚Gral‘ eintrat, nahm ich auch mit der Handel-Mazzetti Verbindung auf. Später veranstaltete ich eine Vorlesung aus ihren Werken, bei der ich auch um ihre Vorschläge bat. Es entwickelte sich eine sehr herzliche Korrespondenz, bei der ich besonders gut wegkam. Wir machten einander Komplimente wie die Mandarine, bis sich dieses Übermaß erschöpfte. Die Kriegsereignisse, die auch meine Bibliothek in Wien dezimierten, hatten diesen Briefwechsel zerstört. Wie sagte unser Freund Grillparzer? ‚Sei's drum‘.« – Ein lockerer Ton mit leichter Selbstironie, der auch eigene Schwächen, wie sie sogar schöpferische Geister (und die erst recht!) haben, mit einbezieht und darum so menschlich ist.

Diese Natürlichkeit des Umganges mit zeitgenössischen Poeten hat, so darf man wohl sagen, von Anfang an die Anteilnahme Moriz Enzingers am Theater bewirkt, insbesondere am österreichischen volkstümlichen Theater, und ließ ihn auch seine akademische Antrittsvorlesung in Innsbruck über das »Deutsche Schicksaldrama« halten, eine in Knappheit und doch durch Gründlichkeit gestaltete Rede, die dann viele Studenten über Schwierigkeiten auf diesem Spezialgebiet geführt haben mag. Im Rahmen dieses umfassenden Themas hat er Heinrich von Kleist als Dichter deutschen Schicksals gesehen, der er auch ist. Enzinger greift da weit aus: ‚Kleists Werke geben dem Schicksalsgedanken verschiedenen Ausdruck und nähern sich zuweilen dem bayrischen Barock, mit dem sie auch durch die Hinneigung des Dichters zur Musik verknüpft erscheinen.‘ Solche Deutungen konnten ihm nur aus eigenen schöpferisch-künstlerischen Einsichten zufließen. Gerade Kleists Wesen einmal von dieser Seite anzupeilen, läßt seine dichtende Seele ahnen. In die wissenschaftliche Unterweisung gestellt, verraten sie den tieferen Einblick des Gelehrten in den Dichter, einen der schwierigsten der deutschen Literatur, auch innerhalb seiner Zeit, der Romantik, die wir allmählich wieder zu begreifen beginnen in der Eigenart ihrer Dichter, so auch Hölderlins. Diese Antrittsvorlesung ausgerechnet an der Innsbrucker Universität zu halten, war gewiß eine Mutprobe; ein noch jüngerer Professor hatte sich mit einem großen Thema profiliert und versprach damit eine ungewöhnliche Lehrtätigkeit.

Aus derselben geistigen Wurzel wird auch der österreichische Dichter Franz Grillparzer in seiner wahren Größe von Moriz Enzinger erkannt in dem von ihm zusammengestellten Büchlein »Genius Österreich. Franz Grillparzers geistiges Vermächtnis«. Das reicht bis in unsere Zweite Republik Österreich. »Bleibt auch Grillparzers Gedankenwelt«, so heißt es im Vorwort Enzingers, ‚in manchen Dingen seiner Herkunft verhaftet, sein Lebensgefühl tastet weit voraus. Wie alle Großen reicht er über seine Zeit hinweg. Er spürt das Andringen des Neuen, er wittert das Aufwühlende, das seit der französischen Revolution unterirdisch grollt, er tritt für Freiheit und Befreiung ein, aber bald nur in gewissen Grenzen, denn im Grunde ist er eine bewahrende Natur, er will seine Welt erhalten wissen, so sehr er Mängel und Fehler der Zeit, des Landes, des Systems erkennt. Auch ihm handelt es sich um Erneuern und Verbessern, aber nicht um Umsturz und Revolution. Daher seine vielfach mißdeutete Haltung 1848, daß er schließlich in der Armee die einzige Rettung für sein geliebtes Vaterland erblickt, dem die Dynastie den sichtbaren Zusammenhalt schaffen soll. Österreicher ist er mit Leib und Seele, Österreicher natürlich im Sinne des habsburgischen Großstaates. Das bestimmt auch seine Stellung zu Deutschland, an dessen Entwicklung und Haltung er manches auszusetzen weiß, was aus seiner Zeit heraus verstanden werden muß. Aber auch am Volkscharakter, besonders am norddeutschen, hat er allerhand Ausstellungen zu machen. Denn er fühlt sich dem süddeutschen Wesen begreiflicherweise viel näher, was sich auch bei der Hervorhebung jener Eigenschaften zeigt, die er dem Österreicher im besonderen zuschreiben möchte. Mit Schaudern ahnt er den nahenden Zerfall des alten Staates und das Heraufkommen einer neuen Zeit, für deren soziale Fragestellung er aber kaum ein Organ besitzt, nicht nur weil er in erster Linie Künstler ist, sondern weil er noch in einer anderen Welt lebt. Aber er hört das Rollen des kommenden Erdbebens, er weiß um den unausweichlichen Verfall der alten Herrlichkeit des bürgerlichen Zeitalters und wiegt sich nicht in einer verblendeten billigen Sicherheit. Er möchte nur, wie sein Kaiser Rudolf, durch Zögern das Ende hinausschieben. Doch die Schatten des Unterganges fallen über seinen Weg und verdüstern sein Dasein. Unvermählt stirbt er wie der letzte eines erschöpften Geschlechtes ohne Nachkommen (ein paar Jahre später stirbt auch sein Bruder Kamillo), als einer der letzten Erben klassischen Wesens, als einer der letzten Österreicher im besten Sinn des Wortes.«

Ihn, einen der ersten Dichter des Landes, hatte Österreich schon vor seinem Tod vergessen gehabt. Von ihm stammt das Wort: »Ich bin trotz allem halb in Österreich verliebt.«

Bei Moriz Enzinger war es auch so. Nur große Herzen, in denen neben der Liebe auch das Schöpferische lebt, vermögen das. Hatte ihn seine Wissenschaft zur Spitze geführt, so sollte ihm die Liebe zur Kunst, die sein schöpferisches Element war, die Erinnerung von Generationen sichern. Der Nachruf seines Schülers H. Berger möge diesen Wunsch untermauern.

VI
Nachruf auf Moriz Enzinger

Hans Berger

> Aus der Laudatio für Universitätsprofessor Dr. Moriz Enzinger, gehalten im Rahmen der 17. Alpenländischen Schriftstellerbegegnung in Kremsmünster, Oberösterreich.

Die alten Tafeln sind zerbrochen, die alten Werte sind nicht umgewertet, sondern entwertet, und noch hat sich Neues nicht gefestigt. Nur Ersatz bietet sich in verschiedenen Formen an. Am Schwinden der Religion hat Stifter den Wandel erkannt. Der Mensch hat seine Geborgenheit verloren mit dem Glauben, der seinem Leben Sinn und Richtung gab. Er ist von der Sinnlosigkeit bedroht. –

Diese Worte sprach Moriz Enzinger in einer Festrede, die er 1955 anläßlich des 150. Todestages des großen österreichischen Dichters Adalbert Stifter im Rahmen einer Feier der oberösterreichischen Landesregierung hielt.

Überrascht es Sie, daß Stifter die menschliche Situation in seiner Zeit bereits so sah, wie sie heute – nach weiterer Entwicklung und in vollerem Ausmaß – viele sehen müssen, nicht nur die Philosophen, die sich in dieser Woche bei einem Kongreß in Innsbruck ratlos ansahen, als einer die Frage nach dem Sinn des Lebens stellte. Wer um das Wachstum von Lebensgemeinschaften weiß, um dessen Gesetzhaftigkeiten, ist nicht erstaunt. Umfassende Entwicklungen brauchen Zeit, viel Zeit.

Warum gedenken wir in dieser Stunde eines Toten, der kein Schriftsteller war und viele unter ihnen nur dessen Namen kennen, wenn überhaupt? So wird sich mancher in diesem Kreise im stillen gefragt haben. Moriz Enzinger, ein Oberösterreicher, in Steyr geboren, lehrte an den Universitäten in Innsbruck und in Wien. Er war Literarhistoriker. Er beschäftigte sich mit Dichtung. Das verbindet uns schon. Was ein Literaturwissenschaftler macht, ist uns nicht gleichgültig.

Weiters: Er hat entscheidende Jahre seines Lebens in Kremsmünster verbracht, als Schüler des Stiftsgymnasiums. Er hat dort die Reifeprüfung abgelegt und die Grundlage seiner Bildung erhalten. Wir möchten mit dem Gedanken an einen ehemaligen Schüler dieser Bildungsanstalt diese bedeutende Kultur- und Erziehungsstätte selbst ehren. Und es soll nicht anmaßend gemeint sein, wenn ich es so formuliere. Schließlich beziehen wir mit Enzinger und Kremsmünster bewußt die Vergangenheit unserer Heimat in die Tage unseres gegenwärtigen Beisammenseins mit ein. Wir könnten unsere diesjährige Begegnung wohl überhaupt eine Gedenktagung nennen: Hans von Hammerstein, Ugo Fasolo, Hubert Mumelter, Moriz Enzinger, Placidus Hall. Wir sind keine ichbezogenen, keine krankhaft am eigenen Ich der Gegenwart verhafteten Intellektuellen. Wir wissen um das große Werden der Gemeinschaft. Wir wissen, daß wir aus der Vergangenheit über die Gegenwart in die Zukunft leben.

Die Bedeutung der Schulstätte Kremsmünster kann wohl nichts besser preisen als ein Bekenntnis Adalbert Stifters, des wohl bedeutendsten Schülers Kremsmünsters. Als Sechzigjähriger schrieb er in einem Brief: »Im zwölften Lebensjahr kam ich in die Benediktinerabtei Kremsmünster in die lateinische Schule. Dort hatte ich über eine außerordentlich schöne Landschaft hin täglich den Blick auf die blauen Alpen und ihre Prachtgestalten. Dort lernte ich zeichnen, genoß die Aufmerksamkeit vortrefflicher Lehrer, lernte alte und neue Dichter kennen und hörte zum ersten Male den Satz, das Schöne sei nichts als das Göttliche im Kleide des Reizes dargestellt, das Göttliche aber sei in dem Herrn des Himmels ohne Schranken, im Menschen beschränkt; aber es sei sein eigentliches Wesen und strebe überall und unbedingt nach beglückender Entfaltung als Gutes, Wahres, Schönes in Religion, Wissenschaft, Kunst, Lebenswandel. Dieser Spruch, so ungefähr oder anders ausgesprochen, traf den Kern meines Wesens mit Gewalt und all mein folgendes Leben, ein zweiundzwanzigjähriger Aufenthalt in Wien, Bestrebungen in Kunst und Wissenschaft, im Umgang mit Menschen, in Amtstätigkeit führten mich zu demselben Ergebnisse.«

Moriz Enzinger hat seine geistige Bildung ebenfalls in Kremsmünster gefunden. Es ist nicht zufällig, daß er sich Zeit seines Lebens immer wieder mit Stifter beschäftigte.

Wir sind Schriftsteller, keine Wissenschaftler. Für uns ist das Worüber der Arbeiten eines Wissenschaftlers in dieser Stunde nicht so wichtig wie das Wie. Daß ein Universitätsprofessor wissenschaftlich arbeitet und veröffentlicht, ist selbstverständlich. Uns berührt mehr, wie er zum Leben stand, zu den Menschen, zur Welt, zu Dichtung, zu den Dichtern und wie sich das in seinem Leben und in seinen Arbeiten zeigt.

Enzinger hat oft einen Ausspruch Stifters erwähnt, daß ein ganzes Leben voll Gerechtigkeit, Einfachheit, Bezwingung seines Selbst, Verstandesgemäßheit, Wirksamkeit in seinem Kreise, Bewunderung des Schönen, verbunden mit einem gelassenen, heiteren Sterben die eigentliche menschliche Größe bestimme. Enzinger lebte diesem Ausspruch Stifters gemäß: unermüdlich tätig in seinem Kreise, streng sich selbst und seiner Arbeit gegenüber, offen für das Schöne und Bedeutende.

Er war ein bescheidener, integerer Mann. Und so war er schon zu seiner Zeit in Universitätskreisen keine Selbstverständlichkeit. Er hatte seine persönlichen Vorstellungen und Meinungen. Doch im Umgang mit Menschen drängten sich diese nie vor. Er war immer ruhig, sachlich und gerecht, im Wissen, daß wir uns der Fiktion, dem vorgeworfenen Zielbild der Gerechtigkeit, nur nähern können.

Er war ein guter Lehrer. In den Vorlesungen breitete er die Fülle seines Wissens aus. In den Seminaren lehrte er den richtigen Zugriff auf die Materie, das exakte wissenschaftliche Arbeiten. Da war er fachlich streng, menschlich jedoch aus der Sicherheit seines Wesens heraus großzügig, modern. Einen Hörer, der nicht nur Prüfungen machen wollte, sondern am Stoff innerlich Anteil nahm und sich darum bemühte, behandelte er als Arbeitspartner. Als sich einmal ein erstsemestriger Student bei ihm für das Hauptseminar meldete, lehnte er ihn selbstverständlich vorerst ab. Der junge Mann aber meinte, er könne genau so gut arbeiten wie die älteren Semester. Da sah ihn Enzinger prüfend an und sagte: »Gut. Kommen Sie und beweisen Sie es mir!« Das war damals etwas Unerhörtes. So sehr er im Seminar das Beachten vorgegebener Forschung verlangte, er ließ es gelten und lobte, wenn einmal – was freilich selten genug vorkam – ein Student in eigener Forschung und ohne Beachtung der Sekundärliteratur Bedeutendes leistete.

Die gleiche sachliche, saubere Haltung zeigte Moriz Enzinger auch als Wissenschaftler. Dies zu betonen, scheint heute besonders wichtig.

Enzinger ist seiner geistigen Sauberkeit stets treu geblieben. Weiters hätte es seinem Gerechtigkeitssinn widerstrebt, die Vergangenheit zu vergewaltigen. Er hat, was geschah, was gesagt und geschrieben wurde, aus den Verhältnissen, aus den Umständen, die in der Vergangenheit herrschten, zu verstehen gesucht und nicht abgeurteilt. Das Verantwortungsbewußtsein dem aufgegriffenen Stoff, dem Vergangenen gegenüber hat es Enzinger nicht erlaubt, in geistreichen Formulierungen eigene Assoziationen als Forschungsergebnisse anzubieten.

Man darf Stifters Leben und Werk wohl als das Hauptarbeitsgebiet Enzingers bezeichnen. Er hat manches in seinen Arbeitskreis miteinbezogen: das Wiener Theater, Grillparzer, Hebbel, die Tiroler Literatur, doch immer wieder kehrte er zu Stifter zurück. Daher läßt dieses Gebiet seine wissenschaftliche Haltung am schönsten erkennen.

Ich zitiere Enzinger. In seiner Studie über das »Alte Siegel« schreibt er: »Es ist ein Wagnis in unserer so geschichtsfremd gewordenen Forschungsepoche auf Dinge hinzuweisen, die nach Motivvergleichung, Quellenforschung, Modellsuche und dergleichen riechen, also sich um Fragen bemühen, die heute unterbewertet, verachtet, ja verfemt sind, weil sie angeblich zum Verständnis eines Kunstwerkes nichts beitragen und vom Eigentlichen abführen. Und doch wird man diese Dinge nicht ganz entbehren können. Die Ergebnisse früherer Forschung werden oft unbewußt oder uneingestanden benutzt. Denn die Erklärung eines Textes aus dem Text allein ist oft undurchführbar. Zumeist weiß der Erklärer schon anderswo allerhand, was ihm behilflich ist. Er lebt ja in einem Kulturbewußtsein, das ihm manches von selber bietet. Auch wenn man sich wirklich allein auf die Interpretation beschränken will, fließt manches ein und liegt manches zugrunde, was zweckdienlich ist. So bleibt wohl auch solche Forschung unentbehrlich, mag man ihre Ergebnisse immerhin auf jenen Platz zurückdrängen, der ihnen gebührt, in die Funktion einer Hilfsstellung.«

Enzinger besaß das Verständnis für das Bedeutende, aber auch die Bereitschaft, diesem Bedeutenden zu dienen. Er hat in einer Reihe von Studien über Stifter, vor allem in jenen über einzelne Werke, entscheidende Bezüge und Hintergründe aufgedeckt. Denn im Falle Stifters galt es vorerst einmal zu sammeln, Bezüge zu klären, Hintergründe zu erhellen, damit großlinige Interpretationen des Gesamtwerkes die notwendigen Unterlagen erhielten. Enzinger hat in wissenschaftlicher Sachlichkeit das Notwendige getan. Daß er das mit dem Blick für das Zusammenfassende tat, wie es auch in den Einzelstudien anklingt, das beweist sein Einfühlungsvermögen für das Entscheidende.

Der späte Stifter ist, zum Beispiel, lange Zeit nicht geschätzt worden. Man hat das Monumentale an diesem Werk nicht erfaßt, weil man sich einem vordergründigen Realismus hingab und sich in die Vereinzelung auflöste. Enzinger hat früh die große Leistung des Spätwerkes erkannt. Er hat sich mit dem »Witiko« im Zusammenhang mit dem ganzen Geschichtsbild

Stifters beschäftigt. Er hat als einer der ersten die Bedeutung der späten Erzählung »Der Kuß von Sentze« hervorgehoben, als man noch von der erstarrten Alterskunst Stifters sprach. Enzinger blieb die Eigenart, die gestalterische Einmaligkeit und Größe dieser Spätdichtung nicht verschlossen; denn er war nicht nur Wissenschaftler. Er war auch ein musischer Mensch. Als er noch lebte, haben es die meisten seiner Mitmenschen nicht gewußt, daß er auch musizierte, zeichnete, schrieb. Er wußte, daß, wer sich mit Fragen der künstlerischen Gestaltung beschäftigt, nicht nur die vollendete Gestalt untersuchen muß und nicht nur rational allein, von außen her als kritischer Betrachter, den Vorgang der Gestalten nachspüren kann, sondern auch vom intuitiven Erleben bestimmtes Geschehen des Gestaltens versuchsweise schöpferisch nachzuerleben hat. Mancher Germanist wird es nicht glauben wollen: Zum vollen Verständnis, zur vollen Erhellung auch zur vollen wissenschaftlichen Erhellung eines Sprachkunstwerkes gehört musische Begabung.

Enzingers Blick und Verständnis für große Zusammenhänge zeigen auch seine Arbeiten über die Pläne Stifters, über den Nausikaa-Plan, den Plan zu großen geschichtlichen Romanen, den Plan zum »Wock«, überhaupt zur Rosenbergertrilogie.

»In der Literaturwissenschaft zählt die Beschäftigung mit Fragmenten, Plänen, Entwürfen zu den reizvollsten Aufgaben, die sich denken lassen, zumal wenn dann, wie sich das zuweilen ereignet, durch einen glücklichen Fund die Nachprüfung aufgeworfener Fragen und Thesen möglich wird. Aber auch sonst können solche Erwägungen eines Dichters, selbst wenn sie kaum in ihren Ansätzen erkennbar sind, Ausblicke eröffnen, wie sie dem Forscher stets willkommen sein werden.« Soweit wieder Enzinger. Darin zeigt sich wieder seine saubere wissenschaftliche Haltung. Die Schaffung exakter Unterlagen für ein möglichst breites gesichertes Wissen muß jeder umfassenderen Beschäftigung vorangehen.

Enzinger hat weiterhin erkannt, daß Stifter vielfach gegen seine Zeit gelebt hat und sich dessen bewußt war; daß er Kritik an seiner Zeit geübt hat; und daß Stifter nicht der Dichter des schönen Lebens, der bürgerlichen Idylle ist, wie man ihn selbst heute noch manchmal verstehen will. Stifter war ein Kämpfer, der um ein Zielbild rang, der dem Auflösenden und Zersetzenden seiner Zeit die Ganzheit einer in sich geschlossenen Welthaltung gegenüberstellte. Daß er dies in die äußerlichen Gegebenheiten seiner Zeit, also in bürgerliche Verhältnisse und nicht in den Arbeitsraum einer Industriestadt stellte, können ihm nur jene vorwerfen, die nicht erkannt haben, daß Stifter den arbeitenden Menschen, der den Alltag bewältigt, als Zielbild gestaltet.

In der schon einmal erwähnten Festrede sagte Moriz Enzinger auch: »Unsere Zeit, die durch ihre Tendenz zur Desillusionierung und Demaskierung aller Dinge doch auch zugleich auf Verwesentlichung ausgeht, hat die Stellung und Aufgabe des Dichters wieder neu erkannt. Ihr ist der Dichter nicht mehr ein belangloser Träumer, der seine privaten Anliegen in die Öffentlichkeit trägt, sondern er ist ihr wieder zu einem öffentlichen Sprecher geworden, der die Fragen des Menschseins immer wieder neu aufwirft und zur Auseinandersetzung stellt.«

So sah auch Stifter die Aufgabe des Dichters. So sehen wir sie. Moriz Enzinger gehört zu den Vertretern der Literaturforschung, die entscheidend an der Stifterrenaissance der Gegenwart mitgewirkt haben und der Dichtung auch mit anteilnehmendem Gefühl gegenübergetreten sind.

Verdienterweise hat Moriz Enzinger viele Auszeichnungen erhalten. Sie haben sein Wesen, sein Verhalten nicht geändert. Er ist der ruhige, schlichte Mensch geblieben, der er immer war. Kremsmünster hat ihm einen guten Weg gewiesen. Doch es war bei ihm wohl so, wie es auch bei Stifter war: Was ihm an dieser Stätte geboten wurde, lag auch schon in ihm; es traf den Kern seines Wesens.